MARADONA

马拉多纳自传

我的世界杯

[阿根廷] 迭戈·马拉多纳 著

吴寒 译

译林出版社

图书在版编目（CIP）数据

马拉多纳自传：我的世界杯 /（阿根廷）迭戈·马拉多纳著；
吴寒译.—南京：译林出版社，2018.6（2021.1重印）
（传记译林）
ISBN 978-7-5447-7316-4

I.①马… II.①迭… ②吴… III.①马拉多纳（Maradona, Diego Armando
1960— ）-自传 IV.①K837.835.47

中国版本图书馆 CIP 数据核字（2018）第 057240 号

马拉多纳自传：我的世界杯 ［阿根廷］迭戈·马拉多纳 / 著 吴 寒 / 译

责任编辑 王 维
装帧设计 韦 枫
校 对 季林巧
责任印制 董 虎

原文出版 DEBATE, 2016
出版发行 译林出版社
地 址 南京市湖南路 1 号 A 楼
邮 箱 yilin@yilin.com
网 址 www.yilin.com
市场热线 025-86633278
排 版 南京展望文化发展有限公司
印 刷 江苏凤凰通达印刷有限公司
开 本 718 毫米 ×1000 毫米 1/16
印 张 15
插 页 16
版 次 2018年6月第1版
印 次 2021年1月第2次印刷
书 号 ISBN 978-7-5447-7316-4
定 价 48.00 元

DIEGO
10

谨以此书献给我亲爱的父母：唐迭戈和唐娜托塔，
他们在天堂向我伸出双手帮我渡过难关。

献给我的爱人，一直陪伴在我身边的罗西奥；
献给何赛·巴利恩特和莫妮卡；
献给露西奶奶。

献给我的姐妹们：安娜、凯蒂、莉莉、玛丽和卡莉；
献给本杰明；
献给我的孩子们；
献给我的侄子卡乔和达布；
献给贝伦。

献给教宗方济各；
献给所有为了世界和平而斗争的人。

献给克里斯蒂娜；
献给坎波拉青年组织；
献给莫雷诺；
我们一定会回来的。

献给菲德尔；
献给劳尔；
献给马杜罗。

献给奥尔特加；
献给马尔米尔卡部长；
献给哈维尔·索托马约尔和所有古巴人民；
献给所有原住民人民；
献给查韦斯；
献给切·格瓦拉。

献给穆罕默德·本·拉希德·阿勒马克图姆酋长；
献给哈姆丹·本·拉希德·阿勒马克图姆王子；
献给阿亚·宾特·阿勒侯赛因王妃；
献给阿里·本·阿勒侯赛因王子；
献给所有帮助过我的阿拉伯酋长。

献给在迪拜为我工作的小伙子们：
纳赛尔、穆罕默德、马尔万、吉哈德以及阿布-贝克尔；
献给阿布扎比的阿勒鲁迈希及其家人。

献给在我低潮时期拉我一把的马蒂亚斯·莫拉和维克托·斯廷法莱。

献给所有阿根廷国家队的后勤人员。

献给“黑子”恩里克；
献给“瘦子”梅诺蒂；
献给费尔南多·西尼奥里尼；
献给“美国佬”海因策；
献给帕勒莫；
献给“瘦子”斯基亚维；
献给拉维奇。

献给阿根廷青年人队的所有球迷；
献给博卡青年队的所有球迷；
献给所有那不勒斯人民和我的好友塔诺·斯特凡诺。

献给维克托·乌戈和他的家人；
献给卡西洛一家；
献给瓦莱里奥·安托尼尼。

献给我的第二故乡迪拜；
感谢阿联酋给我的和平和尊重。

献给所有支持马拉多纳的人。

目 录

序
我很好奇迭戈会如何讲述那粒进球

维克托·乌戈·莫拉莱斯

事情发生在那场英阿大战上。迭戈刚刚开始启动还没有几米远，场上的电磁场仿佛就加强了不少，那感觉就像看到飞碟飞到空中，外星人一般的迭戈用他特有的魅力创造了足球史上最令人惊讶的一粒进球。

如果当时从阿兹特克体育场的上方向下俯瞰，就可以清楚地看到这粒进球的路径。当时迭戈的速度快如流星，他前进的同时仿佛在草地上划出了一条壕沟。就在阿兹特克球场的中央，在阳光下的阴影处，马拉多纳创造了一番在天空中才可能看到的景象：原本只能在神秘的蓝色天空中，我们才能看到炽热的流星划过，现在却看到这一幕真真切切地在绿茵场上上演。那是迭戈的身影。他扛起大旗，带领自己的队伍，勇猛地发动了一次决绝的进攻。迭戈在数名英格兰防守球员之间穿梭，躲过了无数次的伸腿阻截。最后，他就像一名攀至巅峰的登山者，把队伍的旗帜稳稳地插在了地上。

当时迭戈的队友巴尔达诺离他很近，后来有一次巴尔达诺说迭戈事后因当时没有传球给他而向他道歉，解释说当时没有传球的角度。巴尔达诺和其他的足球爱好者一直都觉得迭戈在那种速度、那种情况下还能注意到传球角度这种细节，这简直是不可思议的事情。在球场的媒体中心无数的格子间里，一位比赛解说员用他独特的解说词强调了这粒奇迹般的进球。他当时喊道“这是史上最佳进球”，然后又说了一些溢美之词，比如“像流星一般”之类的话。正因为迭戈这一记无法超越的进球，也因为那些赞美之词，这位解说员这三十年来遭受了不少非议，他的职业生涯也一直紧紧和迭戈的这粒进球联系在一起。

在发动进攻的那一瞬间，一个球员到底能想出多少种进攻方式？他当时看到了什么？他这次冒险可能会犯的错误几乎无穷无尽，因为从进攻一开始到最后面对英格兰队的守门员时，都可能出错。当时这个解说员和其他数百名媒体同行挤在一起，他面对无数的传统解说词，做出了自己的选择，决定另辟蹊径。

“天才！天才！天才”，这个简单的词是用来形容那个即将登上世界顶峰的勇士的。马拉多纳到底是何时决定直面球门的？他当时带球向前跑了几米，但是当时他要面对多少防守球员啊！他们每一个人都朝他伸出腿，试图阻拦他。而他又拥有多么广阔的视野！他可以钩住球，停下来，或者朝边路跑去，又或者抬脚远射。有千万种可能，那次的进攻会泯灭在无数的普通进攻中。

但是他胆大心细、直觉准确，借用博尔赫斯的话说，“神的背后还有另一个神”。所有的这些有利条件让这粒进球变得独一无二，成了永恒的经典进球。马拉多纳把皮球狠狠地踢进了英格兰的球门深处，而定格那一刻的照片也充分显示了英格兰队的无力回天和马拉多纳的神级表现。

“我激动得想哭。”这篇序言的撰写者当时握紧了拳头说，他当时全身扑在媒体中心格子间的桌上，桌上全是各种电线和耳机设备，那一刻马拉多纳已经跑到了球场边上准备庆祝自己的胜利。

这名解说员因呼喊太过兴奋而全身扑在了桌上。当时他的脑中一片空白，仿佛在他眨眼的瞬间有一朵蘑菇云在他眼前炸开，于是他说出了那些疯狂的解说词。但是那些词语不仅仅是为了描述那一粒进球而已，那是多年累积的情感在某一刻的爆发，情感战胜了理智。那是迭戈创造奇迹的一刻，是所有球迷热爱的迭戈创造奇迹的时刻。那是决定我们的国家队能够进入世界杯半决赛的时刻。那是战胜英国人的时刻，那是成千上万的阿根廷青年人本该欢呼的时刻，但是他们在马尔维纳斯群岛冰冷的土地上奉献了自己的生命，因此无法为这一刻欢呼庆祝。这个胜利在另一个完全不同的战场上到来了，这个战场并不丑恶，也不血腥，充满了勇气和创造力，在这个战场上迭戈为我们创造了足球历史上前所未有的精彩瞬间。

三十年过去了，这个男人仍然没能洗去身上带有的烙印。他跳得更高，跑得更快，意志力更加坚定，整个宇宙都在向更广阔的空间不断延伸，不断改变，但是对马拉多纳的固有印象却没法消除。因为他想要为自己正名不是一件容易的事，他必须再一次带着球站在球场中央，摆脱无数对手，直面对方的守门员，把球踢进对方的球网。而且这一切还必须发生在世界杯的赛场上。

前面提到了博尔赫斯，他在《巴别塔图书馆》这个故事中描绘了一座图书馆，里面收藏了全人类所有的书籍。应该可以说，迭戈在足球领域也建造了这样一座图书馆，在里面他撰写了和这项运动相关的所有篇章，他的创作让他看起来比任何人都要由衷地热爱这项运动。

于是，从那一次经典的进攻当中，我们可以阅读迭戈书中的直觉篇章、胆略篇章、球技篇章、勇气篇章、力量篇章、诡计篇章、天才篇章，还有纪念篇章，所有这些都组成了他在足球世界中的巴别塔图书馆。

在比赛开始前，球员们排成两列准备进场，迭戈对他们说了一番话，语气非常坚定。球员们都记得他们的队长提醒大家那天的对手是来自哪个国家的人。当时队长的话并不是官方记录，我们是从管理场馆的人后来写的书中得知的，从中可以看到马拉多纳当时并没有表现出对这场比赛有多少担忧的心情，他昂首挺胸，自信十足地奔赴这场二十二个男人一生中最重要的比赛。他对队员们说的话极具煽动性，让大家明白这场比赛是一个分水岭，要么会向前跨越一大步，要么会让以往所有的努力打水漂。他当时并不知道不管他对自己的队员说了什么，最后还是他本人通过精湛的球技和天才的诡计让这场比赛成了阿根廷历史上最令人热血澎湃的一场比赛。如果当时他跟队员说的是“不管是用什么方法，我们一定要打败英国人”这样的话，那么后来的手球就是他故意为之。如果他的初衷只是想在一场球赛上展现阿根廷足球的风格，那么后来他在谈到自己那个无与伦比的进球时，就不会特意使用“攻入英格兰大门”这样的字眼。马拉多纳在那场比赛中的同伴们已经无法把当时的场景百分百还原出来。也许所有的队员都很强大，但是他们还是坚持让迭戈来讲述当时发生的事情。

我很好奇迭戈本人会如何讲述那粒充满争议的进球和那场比赛。1986年的世界杯对于这个天才球员来说是一座里程碑，他知道在那个时期、那个阶段获得世界杯冠军对他们来说有多么重要，因为只有这样他们才能获得全世界的认可。也正因为如此，在这届比赛中夺冠也为这件丰功伟绩增添了分量。马拉多纳并没有拿“一切都还未知”这种话当借口，他很清楚自己将面对何种挑战，他清楚地认识到那就是一场决斗。那是在全世界人民的面前展开的一场殊死搏斗。他有责任挑起重担，在全世界仍然吝于肯定他们的队伍时，他就已经向全世界宣布了自己的豪言壮志。他像电影里的拳王洛奇一样全力以赴，他把自己的身体练到完美状态，但是如果最后他没有捧起冠军奖杯的话，所有的努力都将付诸东流。生活的残酷对于挑战者来说总是更加明显。在之后的比赛和意大利联赛当中的进球，更加说明了他决心成为世界上最好的球员，也向世人充分展示了他在这条追寻极致的道路上已经走了多远。他创造性的进球方式，就像短跑运动员最后五米时进行冲刺一样，超越了极限：他并没有等待皮球落在脚边，为了够到划过头顶的皮球，他高高跃起，无论是角度还是高度都完美而和谐。他艺术家一般的直觉让他稳稳地碰到了皮球。

对于人类来说，在任何事情完成之前最好不要抱太大的希望，这样人们会感觉比较舒坦。在最重大的事件上肩负千百万人的希望，这对任何人来说都是一个过于沉重的包袱。但是迭戈主动站出来宣布自己将成为世界杯的主人，并把对国家的承诺扛在了自己的肩上。因为他的国家到了向全世界宣布自己有能力在任何方面成为冠军，并且可以在民主时代取得真正的成绩的时候了。那是当时所有人的目标，而如果这个目标没有达到的话，第一个要站出来做出解释的不是别人，正是迭戈。

迭戈从没有忘记自己的出身和反抗精神，当需要他为其他人战斗的时候，他总是挺身而出。虽然他身处华丽的城堡，在王公贵族之中穿梭，但是他的阶级意识从来没有因此而淡化。他从来没有忘记他的球员身份。在草地上踢球度过的一个个黄昏对他来说就是最美好的记忆。

当马拉多纳谈起自己的故事时，我们就可以更加了解他到底是怎样的一个人。对于马拉多纳，我们只了解一些表面的东西，因此作为读者，我已经迫不及待地要去揭开他的神秘面纱。马拉多纳面对自己，面对历史、生活、同伴、教练、对手、球场、守门员、摄影师，甚至面对在法庭上询问他的检察官，还有在完成夺冠壮举之后的细节，所有的一切他都将在这本书中娓娓道来。我们还能期待更多吗？

也许迭戈没法说自己在巴西世界杯期间，通过《“左撇子”与他的朋友们》俘获了所有美洲观众的心，但是事实就是这个节目既没有世界杯进球的播放环节，也没有精彩进攻的播放环节，单单凭借马拉多纳的魔力，节目就大受欢迎。马拉多纳邀请自己的朋友们一起上节目，他的笑容，他与腐败的国际足联抗衡的精神，所有这些元素组合在一起，让这个节目成了世界杯期间美洲的电视观众最喜爱的节目。

我可以理解成为马拉多纳有多难。世界上最好的沙滩近在咫尺，他却不能把脚伸进水里。然而，他用一种非常和平的方式克服了这种无理的要求，而他也用同样的方式很好地处理了与电视工作人员的关系。迭戈尊敬他人、和蔼大方，他的这种为人方式赢得了数十位阿根廷和委内瑞拉工作人员的心。这个一直身处争议旋涡的男人在长达一个月的节目录制期间，从来没有表露过不耐烦或者生气的情绪。他当时心里非常清楚，这个节目制作团队与他出场比赛时带领的球队一样，都是他的队伍。节目录制的最后一晚，技术团队的所有幕后人员，包括摄像师、录音师等，都向迭戈表达了他们的感谢之情，赞颂了迭戈和工作人员之间建立的友谊。那一幕最后变成了那一个多月时间里最令人难以忘怀的记忆。

迭戈在节目直播之前总会画十字做祈祷，面对摄像师和导演给出的建议总是虚心接纳，在与工作人员烤肉聚餐玩射门游戏时，他说要踢哪个方向一定会照做，而且守门员只能眼睁睁地看着皮球被踢进球门。所有的这些细节都让迭戈身边的人对他的爱与日俱增。

在真正和马拉多纳相处了一段时间之后，才能对这个人有更深入的了解。他不仅仅是那个与英格兰队员分成两列，列队进场的马拉多纳。我们也一直记得，在进场之前，他对自己的球员说，那场比赛和任何一场比赛都不同，因为——“我们决不能输掉这一场比赛，伙伴们，你们明白吗？在这个赛场上我们要奉献出自己的生命去赢得比赛，为了纪念在另一个战场上已经献出自己生命的同胞。你们知道另一个战场是哪里。我们现在是十一人对十一人，因此我们要把他们打个落花流水，明白吗？”。说完，他坚定地走向场地中央，手持一面旗帜，在他的身后是整个国家。

引言

“我当时并没有那么疯狂，不是吗？”

迭戈·阿曼多·马拉多纳，在对阵英格兰时梅开二度的人，也是阿根廷历史上为数不多的举起过大力神杯的人，正在对您讲述他的故事。

我也不知为何会这样，但好几次话就这样脱口而出，正如那次在糖果盒球场的经典比赛中我说了那句“足球运动本身没有污点”一样。去年，也就是2015年圣诞家庭聚餐时，我在问候家人时对他们说:“我当时并没有那么疯狂，不是吗？”那是我们第一次全家聚在位于德沃托镇的老房子里过圣诞，但却少了我至爱的父母：唐迭戈和唐娜托塔。很多人到现在都认为，这些成为经典的话是别人写好让我说的。事实上并非如此：这些话发自肺腑，脱口而出。那天晚上，我望向天空，感谢我的父母给予我的一切，他们曾给予我太多，远胜于我对他们的回报。父母亲把他们拥有的一切都给了我。他们永远支持我，无论我身处顺境或逆境。你也看到我曾经有过很多的不顺遂。

那晚，我不记得是谁送了我一座大力神杯的复刻模型。当我再一次手捧金色奖杯，再一次像抱婴儿一样把它捧在手心时，我突然发现这距离我在墨西哥捧起真正的大力神杯已经过去将近三十年了。我也发现，当时夺冠给我父母带去的喜悦是我所能给他们的最好的礼物。对于我父母和所有阿根廷人、所有支持我们的人，也包括所有质疑我们的人来说，都是最好的礼物。因为最后，所有人都上街庆祝我们的胜利去了。

我还发现，随着时间的流逝，这座奖杯越发沉甸甸了。三十年之后的今天，这座六千克多一点的金杯感觉已重达千斤。在1986年世界杯之后，就再没有阿根廷球员举起过大力神杯，我并不会因此而感到自己有多伟大，这很明确，如果我这样做，我就成了叛徒。同样，如果我现在不把那些日子里真正发生在我身上的事和我真实的感受讲出来，我也会成为叛徒。如今的我将这样讲述，如今的马拉多纳将这样讲述。有些话我会说很多遍，在很多地方、很多时候我被诟病、被打击，但我真实的记忆并没有因此而遭到扭曲。

是的，我承认，三十年之后，我对有些事情的看法发生了改变。我认为我有这个权利。我的确改变了很多，很多人说我在很多事情上自相矛盾。但是有一点我从来没改变过，也没有前后矛盾过：我决定把足球当成毕生的事业，我这样做了，我为足球奉献了一切。因此我会说，如今，我很希望在这么多年之后，比拉尔多能为我做些什么，如同我当年为他做的一样。因为他比任何人都了解在当年梅诺蒂派和比拉尔多派的斗争当中，我为他做了什么。当时的我，为了完成最崇高的事业，做出了自己的选择：穿上国家队服比个人喜好更重要。而“瘦子”梅诺蒂教练才能直达我内心深处，虽然这一点我从未公开说过。

之后发生的事情已经被历史记录。每个人的记忆都是自己的经历，自己的感受。因此我要说这才是我真正经历过的，真正感受到的。如人饮水，冷暖自知。

只有一件事情，我想说出来让你们听见，我想写出来让你们看见，那就是：我没有忘记当年在我说了“我们会成为冠军”这话之后，所有人都觉得我疯了。我当时并没有那么疯狂，不是吗？事实就是：最后，我们成了冠军。

我要讲的就是我们如何成了冠军。

很多人曾向我问起我小时候说的那句话，说那句话时我还是小洋葱头队的一员，在弗朗西斯·科尔内霍的带领下，我们一群青少年已经吸引了大众的视线。当时我出现在黑白电视机的屏幕上，我说：“我第一个梦想是在世界杯赛场上踢球，然后是成为冠军……”这句话很长，但是有人把它剪了，于是所有人都认为我当时就在想着成为世界杯冠军。事实上我当时是说和小洋葱头队的小伙伴们一起成为冠军！不久之前，这段完整的视频重新出现了，我在里面说：“对我来说，洋葱头队就如同国家队一样……”想想看，当时的我连电视机都没有，怎么可能会谈论世界杯冠军呢？！这段话应该是1974年世界杯之前录制的，那时候我不可能有那样的想法。很多事都是这样被张冠李戴了，很多。

有很多事都让人难以想象。比如我现在身处迪拜，却在讲述三十年前在墨西哥世界杯上发生的事情。身处迪拜！从布宜诺斯艾利斯的菲奥里托镇到阿联酋的迪拜，是我的整个人生。我很感谢迪拜的朋友，我的祖国对我关上了门，他们却为我在这里打开了另一扇门。这里的人给我工作，给我关爱，当然也给了我金钱。但最重要的是我们彼此信任，彼此适应，投我以桃，报之以李。因为在2010年南非世界杯上我们的成绩不够理想，一路走来实属不易，而迪拜的朋友们在我最需要平静的时候为我提供了空间。

我想要坐在这里回忆过往。现在我面前有一台电视，在朱美拉棕榈岛的房子里我还有好几台，通过这些屏幕我会观看世界各个角落的球赛，从意大利联赛到英超联赛，我一场不落。现在我要回顾1986年墨西哥世界杯的那几场球赛了。

我知道这话听起来像是在撒谎，但是我真的从来没有回看过那届世界杯上的任何比赛。

不过我要承认，我看过很多次对战英格兰时的进球回放，看过千百次，因为那两粒进球不停地在电视上播放，人们不停地放给我看。但是其他比赛我确实没有看过。这次是我第一次看回放。当我看着画面一分一秒地播放，当时的真切感受又一点一滴涌上心头：我又一次感受到韩国队员的飞铲带来的剧痛，战胜意大利人时的狂喜，对抗保加利亚人时的陶醉，跟乌拉圭人比赛时感觉施展了魔法，对阵比利时人时的恣意狂奔，还有最后战胜西德队后我如何享受那场盛大的狂欢。回顾了那届世界杯上的所有比赛之后，往事一幕幕在我眼前浮现，带给我无穷的回忆。

那些是属于我的比赛，每一场都有我自己的回忆。我记得当时我做好准备要纵情飞跃，然后我真的飞了起来。我兑现了自己的承诺，我踢得很干净，尽管当时很多人希望耍点阴招。毒品没能让我成为更强的球员，相反，我每况愈下。你能想象如果当年我没有碰毒品，那我能成为什么样的球员吗？我在墨西哥世界杯上的鼎盛状态应该能够保持很多年。那时的我体会到了在绿茵场上所能得到的最大幸福。

当年在墨西哥，我夺冠的欲望凌驾于任何事情之上。我暂时把那不勒斯队，把自己踢球时的喜好都放到了一边，我让我的家人了解到那就是我等待已久的机会。我一次又一次试图说服我的同伴与我做同样的准备。这也是我想传达给梅西的信息，同时，但愿未来能出现更多的梅西，这也是我想传达给他们的信息。

正当我们准备集中精力开始我所希望的训练时，注意，是我所希望的训练，人们围上来问我球队的目标是什么。我回答道："目标是成为世界冠军。"他们又问我我的个人目标是什么，我说："成为世界上最好的球员。"我说这话不是因为自大，而是源于完全的自信，同时也是为了将这份自信传递给我的同伴。有人不相信球队的能力？有人不相信我的能力？那么请远离我们，因为球队有信心，我自己有信心，马拉多纳式的疯狂也有这份信心。

当人们将相同的"目标"问题抛给普拉蒂尼时，他的回答是："我不知道，还要看海拔对球员的影响。"济科的回答是："我不知道，我的膝盖情况不好，球队还要更加团结。"与此同时，鲁梅尼格的回答也是如此。而这些人就是我们当时的对手，是我的对手。

我不在意别人怎么说我，但是当我决定要做一件事时，我最终总能成功。尤其是当我的脚控制足球的时候，我总是能感觉到我一定能做到我承诺的事情。巴尔达诺曾对我说，当我踢球的时候，好像在跟球做爱。类似的感觉确实存在。

当时的我自然感到害怕。当你感到有那么多人都希望你完成他们的梦想时，你会感到害怕。怎么能不害怕呢？

在那段时期，有几次在世界杯期间，比如在决赛之前，我会想念我的老母亲托塔。我对她说："我完蛋了，托塔，快来帮我一把。"但是我这样说并不代表我真的这样想。母亲并不会在那个时候来到我身边，第一，因为她人在布宜诺斯艾利斯；第二，也因为我更想让她待在那里，想让所有人都待在那里，除了我的父亲。当时我唯一在意的就是集中精力去踢球，去比赛并且获胜，因为那样会让我感到幸福。

我当时是个青年人，现在仍然是。我记得很清楚，如果你们去查阅档案，会发现我把当年的世界杯冠军献给了全世界所有的青年人。当时在阿兹特克体育场的新闻发布会上，当我被问到会将冠军献给谁时，我首先就说了这样一句话："献给全世界所有的青年人。"然后我还向他们献上了一个吻。

在这之前，在所有的庆祝开始之前，我碰到了卡尔曼多——萨尔瓦托雷·卡尔曼多，我在那不勒斯队的理疗师，他随我征战了世界杯。当时他亲吻了我的额头，激动地说："迭戈，你现在是世界冠军了！你是世界冠军！你知道这意味着什么吗？"

"我不知道，我只知道现在我是全世界最幸福的人。"

很多年以后，也就是近三十年后，我才意识到所谓幸福就是能让他人感到幸福。我相信当时的阿根廷人会因为我们在墨西哥的表现感到非常幸福。

但是没有人会忘记我在对战英格兰时攻进了两粒进球，当时我们国家还身负马岛战争带来的创伤；也没有人会忘记我举起了大力神杯，到今天也没有任何一个阿根廷人再次捧起这个奖杯。

没有人会忘记这些事。我也不会。

为了消除一些人的疑虑，我在这里要重新讲述当年的一些事，用我自己的方式。因此，我要讲述，我要记录，我要再次向你们声明：我，迭戈·阿曼多·马拉多纳，对阵英格兰时梅开二度的人，阿根廷历史上为数不多的举起过大力神杯的人，正在对您讲述我的故事……

第一章
不得人心的国家队

在距离1986年世界杯还有些日子的时候，大概是当年的4月，我们国家存在着一些比国家队更重要的问题。没办法，阿根廷人一直就是这样，政治总是要掺和到足球运动中来，政治总是要利用这项运动，从来如此，现在仍然如此。时任总统劳尔·阿方辛公开说了他不喜欢当时的国家队之后，流言就愈加盛行。据说当时政府想要比拉尔多下课，把另一个人放到主教练的位子上。而接下来我要说的是我所知道的真相：一天，鲁道夫·奥赖利，一个与体育相关的官员给我打电话，同他一起的还有奥斯瓦尔多·奥特罗，电话里他们对我说："我们要换掉比拉尔多。"

那是意大利的晚上十一点钟，电话响了，听筒递到我面前，于是我说："不好意思，您是如何弄到我的电话号码的？"

"我们是政府的人，我们能弄到所有人的电话号码，您说呢？"

"是这样吗？您别费心了，因为我连您的面都没见过，而您却在半夜十一点打电话到我家里。您知道我这里是半夜十一点吗？那么我来跟您说说更加重要的事。"

“抱歉打扰了，迭戈。您要说什么？”

“如果政府想换掉比拉尔多的话，请弄清楚这意味着也要把我换掉。因此你们要意识到，这不是换掉一个人的问题，而是同时换掉两个。如果他走了，那我也不留下。”

随后我挂断了电话。

我现在提起这件事是想让诸位清楚一点：在当时政府给我打电话说要换掉主教练的情况下我没有背叛比拉尔多，然而在很多年之后，将近三十年之后，比拉尔多却背叛了我。

那时候我其实是梅诺蒂的支持者，但是我为了成就一番伟业，做出了选择，因为当时的我深信这支球队一定能成就一番伟业。这番事业一直被破坏，被拖延。当我想做出反对的姿态时，我做到了；当我提出要一切以球队为先时，我也做到了。阿方辛总统当时有什么可担心的？他应该担心的是比拉尔多之后弄出的种种丑事。

我踢球有很多目的，为了成就伟业而踢，为了青年人而踢，同时也为了比拉尔多。他当时不是坏人。我这样说并不是因为现在我说他是坏人，但是在2010年南非世界杯之后，当他选择和阿根廷足联站在一边时，对我而言他就与死人无异了。谁也不能改变我的这个想法。很多人带话给我，说比拉尔多想跟我谈谈，但是我不会给他任何机会，决不。之前我说过所有这些事都不是所谓的“故事”，现在更不是。这些都是真相，我的真相。

当然这些坏事并不会让我忘记往日的美好时光，比如他曾来巴塞罗那找到我，跟我讲述他的计划。但是一码归一码。现在是时候说出一些不光彩的真相了，应该听一听我的版本，而不是比拉尔多的版本。

卡洛斯那时候根本不让我们训练！当人们谈论比拉尔多的战略时，我只能说：拜托！到了对战韩国队的前一天，我们都不知道到底要怎么踢。布鲁查加到底是踢左前腰还是右前腰？“切乔”[1]是从中路还是边路补位？我们对这些都一无所知。

但还有一件事确实也是事实，那就是比拉尔多在没有人想到我的情况下，亲自找到了我。

我想要报仇

当时，比起马拉多纳，更让所有人担心的是帕萨雷拉[2]。这家伙在非赛季期间到略雷特德马尔找到了我。那是1983年的3月，天气还很凉爽，但是我对天气冷热并没有感觉，唯一让我感兴趣的是如何让我回到训练场踢球。由于我在1982年12月染上了该死的肝炎，我已经有三个月没碰足球了。在赛季开始前，我们已经和巴萨的一位教练约安·马尔戈萨预热训练了一阵子，普罗斯塔莫陪着我，他也是我在阿根廷青年人队的队友。当时我马上就能回去训练了，这让我内心跃跃欲试。另外，听说那个只让我们疯狂进行体能训练而不让我们碰球的德国教练员乌多·拉特克马上就要离开，取而代之的是梅诺蒂的到来，我这种跃跃欲试的心情就更加难以按捺。于我而言，上帝在保佑我。再加上我慢慢在巴萨适应下来，所有这些都是积极的因素。

比拉尔多这时突然跟我当时的经理人豪尔赫·赛特尔斯普利勒一起出现在我面前。他当天夜里直接从巴拉哈斯机场到了巴塞罗那，我们在晚餐前谈了一会儿，第二天早上，这个疯子问我要了一条短裤，然后就跟我一同开始了训练。那天我还有六千米要跑，是我最后缺的

1 塞尔希奥·巴蒂斯塔，生于1962年11月9日，阿根廷退役职业足球运动员、足球教练，曾带领阿根廷男足获得2008年奥运会冠军。——译注（本书注释均为译注）

2 丹尼尔·帕萨雷拉，生于1953年5月25日，1978年作为阿根廷国家队队长带领球队获得世界杯冠军。曾效力于阿根廷河床队、意大利佛罗伦萨队和国际米兰队，司中后场，退役后任足球教练。

六千米。我们跑跑、走走，然后再跑。我们谈了很多话，可谓是畅所欲言。对于那天的谈话我记忆犹新。

“我想知道你现在的身体状况。”

“挺好的，我已经有三个月没有训练了，但是明天我就会重新开始踢球，之后就没人能阻止我了。”

“很好。我想要跟你说的是你入选国家队的可能性。”

“卡洛斯，你知道的，我的合同里说除了选拔赛之外，任何比赛我都能踢，前提是巴萨没有什么重要的比赛。但是对于我来说，最重要的还是身披国家队战袍。”

之后比拉尔多开始跟我谈待遇的问题。他总是能谈到这方面去。用他的说法就是“钱”。他问我是否有什么特别的要求。

“不不不，别提这个了。我什么时候在金钱方面有过困难？！如果我去征战这次世界杯，那也是为了国家，为了我身上的国家队队服。钱的事情我一点也不在乎。”

1978年的世界杯我没赶上，1982年的世界杯我是参加了，但是那届失败了，而且是由我而起，因为我的身体素质跟不上。但是那届世界杯上我们也不是一点闪光点也没有。阿根廷人的劣根性就是这样，1978年赢了，都是加德尔的功劳，1982年输了，德沃托担责。是这样吗？当然不是！

但是我当时确实是状态不佳，所以我想复仇，我全身心地想完成这次复仇。

在我回归后的第一次采访当中我说，在1982年的世界杯上我并没有失败，因为我已经竭尽所能。但我也清楚地知道那届世界杯上损失最大的人也是我。当时有那么多殷切的期望、那么多热力的宣传，还有那么多希望看见我摔倒的虚伪小人。这一切我都记得清清楚楚，我还记得我说过：“老爸，别听他们瞎说。在我们国家有许多比马拉多纳更重要的事情。我想把这届世界杯从我脑中抹去，然后开始思考1986年的世界杯。”这是我在1982年说的话。一年之后，我的种种情况开始显示我当时并没有妄言。

比拉尔多开始向我解释他脑子里已有的一些想法，比如我应该采用什么踢法，诸如此类的事情。他告诉我别被肝炎之类的情况吓住，因为他之前在大学生队有两个这样的例子，那两个人分别是雷塔努和特罗比亚尼，他们一开始恢复训练的时候也费了不少劲，后面慢慢就习惯了。在战术上，说实话，他是给我提供最多方便的人。他希望我自由地踢，想踢什么位置都可以，其余的队员就以我为中心来移动。他希望我一直待在前半场，也不一定要射门（带球而不射门！），就跟鲁梅尼格或者汉西·穆勒在德国的踢法一样。他很喜欢德国。我记得之后比拉尔多去找了施蒂利克，马德里队的自由后卫。他还找了经验丰富的迪·斯蒂法诺，一个伟大的人，我一向都很爱他。他跟我一样，是一支球队的热心人，而且在任何事情上都做好了充分的准备。在那次见面中我对比拉尔多说，阿根廷队缺的是整体的移动和进攻热情，我希望球队里的每个人除了在场上奔跑之外也都能进行有效传球。事实证明，我的想法很有道理。

刚说完这话，比拉尔多对我说出了在任何情况下我都永远不会忘却的那句话：“另外，你还将成为国家队队长。”

我感到心脏爆炸了，真的爆炸了！如果当时我都没有因心脏病突发而死去，那我以后也不会因此而亡了。直到今天，当旁人跟我提起我曾经是国家队队长，我仍能体会到当时的那种感觉。当然，我现在也是队长！就好像我第一次抱着本杰明，那是同样的感觉。没有什么比成为一支球队的队长更让人激动了，而成为国家队队长更是如此，因为从那时候开始你真的成为领头羊了！

我曾经是阿根廷青年人队的队长、国家青年队的队长、博卡青年队的队长，但是我最想担任的还是阿根廷国家队的队长。在那之前每当我出征比赛，我都会或为自己或为家人购买队长袖标，当时差不多已经买了两百多个队长袖标了。虽然那时我只有二十四岁，但是我对自己的能力很有信心。之前帕萨雷拉一直是队长，而现在终于轮到我了。

当你被赋予队长的重任时，也就意味着你要完完全全熟悉你的队员。我让人给我找来各种录像资料，研究所有人的踢法技巧，我四处打电话向人咨询，我的兄弟、侄子、外甥，能问的我都问了。大家给了我很多帮助，他们跟我描述道“这个人踢得不错”，或是“那个人还应该多带带球”。当然你现在可能会嘲笑我的方法，但是在当时那个年代，看电视转播球赛几乎是不可能的，因此我只能用这种方式获得尽可能多的信息。我四处挖掘信息，因为身为队长，我更要竭尽全力。

马拉多纳的国家队就应该是这样

当我成为国家队队长的梦想成真之后，我给自己定下的第一个原则就是：虽然代表欧洲俱乐部踢球获得的报酬要多得多，但是代表国家队出战才是世界上最重要的事。

这就是我所希望的国家队风格，马拉多纳式的国家队风格。

当比拉尔多对我说我将是唯一的队长时，我体会到很多东西。因此，多年后我对马斯切拉诺也许下了同样的承诺。我也应该同梅西说同样的话，但是我没有说，这也成了我的心头憾事之一。请注意，我能接受“马拉多纳和另外十个人”这样的说法，就像我后来也说出“马斯切拉诺和另外十个人”这样的话，但是我从来不认为我能够独自成功，因为这种事并不存在。因此我对我们球队所有的队员所做的共同努力表示感谢。除了帕萨雷拉，我感谢所有人。

事情发展至此，还有很长的路要走，很长。当时是1983年3月，那段历史刚刚开始。对于我来说，离我上一次穿上国家队队服已经快两年了。感觉这很不可思议，但事实确实如此。在那两年中，我经历了一切。时间于我来说一直如此漫长，我的一年好像三年甚至四年那样长。

在和比拉尔多见面谈话之后一个礼拜，我又回到了球场：彼时因为肝炎的困扰我已有三个月没有碰球了。我们和皇家贝蒂斯队1∶1踢平，但是最重要的是“瘦子”梅诺蒂坐在了教练席上。那是他的初次亮相。有了他，故事对于所有人来说都不一样了。年轻的队员们因为他的训练方式立刻爱上了他。当然了，队员们从德国俱乐部过来，而梅诺蒂可以用他的语言征服你。甚至连瓜迪奥拉都在自己决定当教练的第一时间去找梅诺蒂咨询。到今天，无论碰到当时球队的哪个队员，他们问的第一件事就是梅诺蒂教练的现状。

我十分享受在巴萨度过的时光，我还对几场强悍的比赛记忆犹新，尤其是在伯纳乌球场对战皇家马德里的那场比赛，我们2∶0赢了，其中我进了一球，那粒进球到现在还在不断重播，因为我从后半场开始发动进攻，构成了一次突然的反攻。门将奥古斯丁出动，我越过他面对空门。从我身后追上来的是胡安·何塞，一个矮个子的后卫，蓄着胡子，留着一头金黄色的长发。我继续带球往前，等着他来，当他赶上来时，我几乎已经到达底线。这个后卫用腿扫我，最后他的腿重重地打在了门柱上。呜！我想起来都痛！之后我慢慢地把球踢向球门……整个伯纳乌的球迷都站起来为我鼓掌。

有“瘦子”在前线的指导，我们在联赛中走到了第四轮，我原本可以在最后七场比赛中出场甚至也可以最后赢得国王杯。更重要的是，如果继续比赛，我们还可以和伟大的唐阿尔弗雷多·迪·斯蒂法诺领导的皇家马德里队正面对抗。但是所有的安排都是想让我们提前准备下一届联赛。

我曾经认为，那场肝炎之后我不会再经历更糟糕的事了。但事实并非如此。我们不断在比赛中失利，但这也不是最严重的。最糟糕的事发生在第四轮比赛，毕尔巴鄂竞技队来到诺坎普球场客场作战。那是一场典型的巴斯克人的战斗，他们使尽了招数。

虽然听起来像是小说情节，但却是真实发生的事。我经历的那一段，如今想起来还浑身发痛。

这段历史我要重新说一遍，因为对于那段时间来说，其中有一个重要人物非常关键，而且在之后距离墨西哥世界杯已经没有多少时间的时候，他也起到了关键作用。这个人就是鲁本·达里奥·奥利瓦医生，外号叫“大鸟”，我也会喊他“疯子”，但是这个外号并非出于贬义。他知道我给他起的这个外号，而且也知道为什么我那时会这样喊他。我说的那时，也就是戈耶科切亚把我的腿踢断的时候。

那是1983年9月24日，我清楚地记得这个日子，就像记得一粒重要进球一样。我怎么可能忘记我运动生涯中最严重的一次受伤呢？而且还是在西班牙足球比较暴力的时期受的伤。那时候，如果一场球赛里面没有球员骨折的话，简直就能被称作奇迹了。有一段往事总是会被我提起，就是有一次我特意去医院看望一个被汽车轧到的小伙子，他特别想要见我。那天正是要跟毕尔巴鄂队比赛的日子。当我从他的病房离开时，那个小伙子大声对我说让我一定要多加小心，因为对方一定会冲着我犯规的。当时我觉得背后发凉，你们懂的，因为这种话让你觉得像是会实现的预言一样。但是我当时已经习惯了在球场上成为对方队员犯规的对象，因此我觉得应该不会和平时的比赛有什么不同。

当天下午的比赛对我们来说比较顺利，我们已经要以3∶0战胜毕尔巴鄂竞技队了。一切都像是不可思议，在发生这一幕的前几分钟，舒斯特尔还一直对戈耶科切亚发动猛烈攻击，因为之前不久这个巴斯克人曾经踢伤了德国人。整个球场都在助威，喊着“舒斯特尔！舒斯特尔！”，仿佛在为德国人的复仇而欢呼。巴斯克人感觉要反击了，感觉他想杀了德国人。由于我当时一直跑动在巴斯克人的边上，我看出他的意图了，于是我对他说：“嗨！兄弟，镇定点，你们已经要0∶3输定了，你没必要再吃一张黄牌了……”

我发誓说这话绝不是想要刺激他，我发誓我不是这样的人。我平时就是和对方球员这样交流的，尤其是和盯防我的对方球员我会这样讲话。因为我很注意盯防我的球员。但是那天晚上我却没看到他冲着我来，我完全没有预判。如果我预判到了，我一定会跳起来躲过那场灾难。

那个犯规的场面在电视上重播了成百上千次，现在也很容易能查到资料。我当时向我方球门方向跑去找球，当我跑到半场中央的位置时，我向左边传球，用现在的话说那叫方向控制，这是我最擅长的事情了。频繁的短传是打破对方后卫防守的绝佳武器。

但是当我刚刚站定准备用左脚控制传球时，我真切感受到被狠狠踢了一脚，我听见了断裂的声音，就跟一块木头断掉一样，随即我就感到了疼痛，到现在我都忘不了那种钻心的痛感。第一个跑到我身边的是队医米格里，他冲我喊道：“你怎么样了？什么感觉？”

“我——我的骨头断了，一切都完了！”我哭着对他说。

随即我就被从诺坎普球场直接送往医院，运送我的是一辆现在看来都不好意思乘坐的小卡车，连救护车都来不及等。在这一切发生以后，我唯一想知道的是我什么时候能重返球场。梅诺蒂来了，在病房里他轻轻地对我说：“迭戈，往远看，你这次牺牲可能会将球场暴力一次性清除呢。”因为那时候的西班牙球场上实在是太暴力了。

当时我不停地跟即将为我手术的冈萨雷斯·阿德里奥医生说：“我想很快回到球场，医生。您要做什么尽管做，但是我真的希望能很快回到球场。”

既然我需要很快返回球场，那么就需要魔术师般的双手帮我恢复一切。我说的魔术师就是“大鸟”，也就是“疯子”，也就是奥利瓦。他后来和我一起回到了布宜诺斯艾利斯。我给他打了电话，因为他当时人在米兰。接到我的电话之后他立刻就出现在我身边。这种情况发生过很多次，无论是扭伤还是抽筋，或者其他的小伤病，只要呼叫奥利瓦，他就会立刻出现。所以你可以想象一下，如果奥利瓦医生在那场意外刚刚发生的时候就到达巴塞罗那的话，那我就用不着做手术了。这点几乎是可以肯定的。因为他有一双神奇的手，可以不用通过手术就把骨折治愈。

我坚持要把这段历史再讲一遍，因为奥利瓦医生对我和我的墨西哥世界杯来说是非常重要的人物。那次在巴塞罗那，奥利瓦找到了冈萨雷斯·阿德里奥医生，有点挑衅意味地对他说：“十五天后我们给他拍个片子，如果发现骨头连接的地方有阴影，那么接下来的恢复治疗就由我按照我的方式来处理。如果没有阴影，则由您接着治疗。”

“当然可以。”加利西亚人[1]回答道。在他看来，我至少要保持六个月的卧床休息才能下地。

但是奥利瓦有他的打算，他都没有等到第十五天，就把石膏给我撤了。他给我拍了个片子，看了一下伤口的愈合程度，然后对我说：

“你用脚着地……”

这段话我现在讲出来还是觉得很震惊。

“您说什么？您是疯了吗？”

但是我的脚还是踩到了地上，而且竟然一点也不感觉到疼痛。

一个星期以后，当我们所有的人都聚集在一起来看我的恢复情况时，奥利瓦和我几乎要把冈萨雷斯·阿德里奥吓出心脏病来。我拄着

1 指冈萨雷斯·阿德里奥医生，他是西班牙北方加利西亚地区人。

双拐，抬着左脚走去的。那时我对他说：“请您拿着，医生。”我把双拐递给他，很平静地走了下去。

随后，我的治疗自然也就由奥利瓦医生负责了。我们在巴塞罗那治疗了一小段时间以后，就决定飞往布宜诺斯艾利斯进行康复治疗。多亏了奥利瓦医生的智慧，让我得以在受伤一百零六天之后就重返赛场：1984年1月8日，我们冒雨与塞维利亚队进行了比赛，我们以3∶1赢得了比赛，其中我一人进了两球，第二个球和第三个球。在比赛结束之前梅诺蒂把我换下了场，我收到了记忆中最盛大的欢呼。我把那次欢呼献给奥利瓦医生，因为多亏了他，我的脚踝才能和从前一样灵活。正是他告诉我，我的控球技术胜过其他人的秘诀就在于我能保持脚踝的高度灵活性。

感谢奥利瓦医生的努力，我才没有失去回到球场的机会，我才能百分百痊愈。更是多亏了他，在距离世界杯很近的时候，我也能化险为夷。那件事情我后面会提到，现在我要先转换一下话题。

在那不勒斯队开启新的人生

在距离和比拉尔多的那次碰面又过去了一整年的时间，我仍然没穿上国家队队服。还得再等上一年，整个1984年我都在等待。我现在想起来觉得就是个谎言。我当时是怎么能忍受下来的？我估计连我自己都说不出答案。比拉尔多当时的说法是，之所以没有把我们几个从国外的俱乐部叫回国家队去踢友谊赛是因为俱乐部不放人。现在这种局面已经好转了，不是吗？如果情况仍然跟从前一样，俱乐部还是不放人的话，那根据现在的国家队薪资水平，那各个国家队肯定就不会存在了，取而代之的是各个联赛冠军队，各种豪门队伍，付得起最贵薪资的队伍，他们会拥有最好的球员。这种情况曾经在西尔维奥·贝卢斯科尼统治时期出现过，他当时是米兰的领导者，所有巨星都被他们买走了。这种事情不会发生在我身上，我这辈子只穿过一个国家队的队服，那就是天蓝色和白色相间的阿根廷国家队队服。

当然我也换过其他球衣，但都是俱乐部球衣。在巴塞罗那队我待不下去了，我同俱乐部主席何塞普·路易斯·努涅斯的关系差到了极点，因此我结束了同巴萨的关系，当时真是撕破了脸，真的。同时跟我撕破脸的还有毕尔巴鄂竞技队的队员们，那是在国王杯的另一次决赛当中发生的。

于是我去了那不勒斯队，在那里我开始了一段全新的人生。1984年7月的一天，航班降落在圣保罗机场，那正是阿根廷国家队不太顺利的一段日子，非常不顺。事实是我过得更加不顺利。我的经济状况当时真是一团糟。之前我讲过很多次，那真是一段从零开始的日子，而那不勒斯就像一道曙光出现在我面前。当时我整个人都垮了，我不是指我的膝盖，我的身体，而是我经济方面垮了。几乎身无分文的我，在那里从零开始。

我刚刚说那时候也是阿根廷国家队最糟糕的一段时间，因为当时国家队需要踢几场友谊赛热热身，但是国外的俱乐部不放人，所以战况可想而知：对战巴西队，平局；对战乌拉圭，先输后平；对战哥伦比亚，还是输。从那时开始，严厉的批评声不绝于耳，几乎毁了整支球队。我认为球队会遭受批评首先是因为它更像是苏贝尔迪亚的球队，而不是比拉尔多的球队，原因是这样的：当时针对球队存在很多偏见和挑剔，挑剔战术、挑剔球员的出身，对之前发生的任何事情都颇有微词。挑剔到我身上，就是我和拉普拉塔大学生队的种种历史。那是对于整个球队风格的斗争，处处都是战场。梅诺蒂派对抗比拉尔多派，比拉尔多派对抗梅诺蒂派，而我们这些球员就夹在中间左右为难。

但是随即在9月，在我开始随那不勒斯队征战，以及在我感到因国家队身处困境我还要受一些苦的时候，国家队的情况突然随着欧洲球队的战况变得明朗起来：先是打败了瑞士队，之后是比利时，接着是德国。那天，我们队3∶1战胜了德国，其中庞塞进了两球，布鲁进了一球。我记得正是在杜塞尔多夫，因为那一记最后重重打在横梁上的射门，比拉尔多再一次公开宣称我是阿根廷国家队唯一的队长人选。他宣布这个消息时，坐在他身旁的贝肯鲍尔插了一句话，他说："如果你不给马拉多纳这个头衔，那就把他让给我吧。"

事情进展到了那个程度，我担心的事情就变多了，一边担心我代表那不勒斯队的第一次重大比赛，另一边担心我如何在经济上恢复元气。与此同时，我还在等待着回归国家队。前不久我还想象着在世界杯淘汰赛上出场是不可思议的事，因为我以为距离我代表国家队出战还有一个世纪那么久，但是谁知道呢，有时候为了达成一些目的势必要违反一些规定。

于我而言，违反规定，尤其是违反一些不公平的规定，不是什么难事。对我来说甚至不费吹灰之力。

我要努力做到在球场上交出漂亮的答卷，让所有人知道我身上穿的是那不勒斯队的队服。同样，我也想身穿阿根廷国家队队服交出满意的答卷。那是一场战斗，我很期待能在战场上有所作为，我想为我身穿的所有队服带来荣誉。

我时刻同国家队的伙伴们保持联系：每当小伙子们结束一场比赛，我都给他们发去电报，送去我的问候，表明我的观点；我希望他们了解我的心一直同他们在一起，虽然我的人并不能到场。

因为我是队长。

我记得那些日子里，托托·洛伦佐把我惹恼了。他是个在意大利深受爱戴、很有话语权的人。当人们问他那个著名的国家队队长问题时，也就是问为什么选择了我而不是帕萨雷拉（就算给帕萨雷拉我也不介意)，托托回答道，在问这个问题时，应该想一想成为队长意味着什么。成为队长意味着要把合作精神放在首位，无条件地服从教练；意味着要在更衣室里接受教练的所有指导；意味着要成为队员信任的人，让队员放心把重要的事情交给你。队长就是那个在重要的时间承担重要责任的人。洛伦佐当时回忆说，无论如何，帕萨雷拉都是一个领导者，是球场上的首领，他有一次在温布利球场亲眼看见帕萨雷拉如何示意凯文·基根，让他明白站在他眼前的是谁。最后，洛伦佐提出一个疑问，他问马拉多纳是否有能力承担起所有的责任。我的天，当然可以了！该死的！那本来就是我想做的事，但是我必须走上球场才能说明这一切，说明我能做到他之前提到的每一点。

当时，我一直都在远方关心着国家队的比赛情况，我知道比拉尔多是如何一点一点把队伍建设起来的，他用了一些当时在阿根廷青年人队踢球的球员，蓬皮多、鲁杰里、加雷、加雷卡、卡米诺、布朗、德尔蒂西亚、特罗塞罗、帕斯库利、里纳尔迪、布鲁查加、鲁索、朱斯蒂、马西科、伊斯拉斯、克劳森、博奇尼等。这些队员是第一批参加了预选赛的人，现在想要进入淘汰赛阶段。在某一刻，我和"鸭子"菲略尔会加入这支队伍。当然还有帕萨雷拉，因为媒体对他赞誉有加，而且不停地向比拉尔多询问有关帕萨雷拉的事情。记者们没有问起我，而是不断地问起帕萨雷拉。当时在海外踢球的还有巴尔达诺、巴尔瓦斯和卡尔德龙，就这么多人。当时不像现在，绝大多数球员都在海外踢球，当时的情况完全不同，三四个球员最多了。

虽然我身在远方，但是我从自己位于波西里波区希皮翁·帕佩斯切大街3号的家中，持续关注着国家队的情况。同时，我在那不勒斯渐渐安定下来，在那不勒斯队的表现也日趋稳定。1985年2月的时候，我们才到达联赛的半程，但对于俱乐部来说我们已经是"联赛冠军"了，而事实上我们确实在一整年中都是"常胜将军"。我记得我们4∶0胜了拉齐奥，其中我进了三个球。当时我一共踢进了十一个球，而那个著名的普拉蒂尼也就进了两个，是的，我现在就敢这么说。联赛排名中我们凭借十六分的领先优势，率先进入第五轮，并且获得了参加欧洲足球冠军联赛的资格。

于是我认为自己发声的最佳时刻已经到来。我已经通过成绩展现了自己的能力，所以正式进入国家队去比赛的时候已经到来。我想先踢三场友谊赛，再和其他国家队队员们一起参加真正的比赛。比拉尔多一直在说我是国家队唯一的队长，但是他并没有主动叫我回去。

于是轮到我主动了。

闹剧开始

4月21日，周日，我们在圣保罗球场以3∶1战胜了国际米兰，之后我在媒体见面会上拿起了话筒，在记者提问之前，我率先宣布："不管怎么样，我都将飞往阿根廷，就在5月5日与尤文图斯队比赛结束之后。就算是俱乐部主席佩尔蒂尼也不能阻止我，因为他无法阻挡任何从罗马启程的飞机。"

于是闹剧就开始了。

随后的一周，28日，我们正巧与罗马队在奥林匹克球场相遇了。我们踢成了1∶1平手。我在赛后又试图表明我的观点："我希望你们能理解我，我并不是被迫要回到我的国家去，而是我太想代表阿根廷国家队踢球了。我从5月6日开始就一直处于可以为比拉尔多随时效命的状态。我认为我这样说你们是完全可以理解的，对吧？"

事实上，这些人一点也不理解我，其中最主要的人就是马塔雷塞——安东尼奥·马塔雷塞，意大利足联主席。当时我们确实要跟乌迪内斯比赛，这支队伍当时处于降级的边缘，而且其他一些俱乐部，如阿韦利诺、科莫、阿斯科利等，都跟主席抱怨我。但是我没说过这次走了我就不回来了啊！我已经做好准备，随时可以身穿两队的球衣去踢任何需要我出场的比赛！那不勒斯的主席科拉多·费莱诺和教练里诺·马尔凯西对我的做法也很不高兴。但是他们开始真正地了解我，也开始渐渐懂得，当我决定做一件事情的时候，谁也不能改变我的想法。

5月5日，周日，在与尤文图斯的比赛开始之前，我又召开了一次记者会。我感觉自己就跟总统一样，天天做演讲。实际上当时我已经气疯了，因为周五的时候，意足协给两个俱乐部发了通知，分别通知了我和帕萨雷拉所在的那不勒斯队和佛罗伦萨队，通知里明确说禁止我们两个在联赛结束之前离开意大利，并且还威胁说要给我们停赛处分。帕萨雷拉忍了下来，而我就气疯了。因此我在赛前就开了记者会，我说："不管足协和俱乐部愿不愿意，阿根廷我是一定要回去的。"我再也忍受不了了。我还说了类似下面的话：我认为在我飞回阿根廷的前两天才发布这样的通知是极为不合适的，而且之前他们曾经允许德国球员布里格尔和鲁梅尼格回国比赛；我认为他们完全不懂足球，因为他们不了解阿根廷队踢到当时那个阶段，是需要营造一些气氛的；我还说我们作为国家队的一员有责任融入集体中去，而这些打着领带的官员却试图控制我们这些球员的人生。这不公平，绝对不公平。

《意大利体育画报》当时起哄的标题是"马拉多纳挑战联赛"。另外一家体育杂志也发表了相同的内容，题目是"马拉多纳的反抗：飞往阿根廷"。我当然要飞回去。我怎么可能不走呢？

为了消除疑虑，在0∶0战平尤文图斯之后，我再一次说道："我说到做到，我肯定会飞回阿根廷。但是我要通知诸位的是周五我会回到这里，参加周日和乌迪内斯队的比赛。之后我将再一次回到阿根廷，然后再回来参加和佛罗伦萨的比赛。马塔雷塞也好，任何人也好，都不能左右我的决定，因为俱乐部已经许可我这么做了。接下来的十五天里我会变成空中飞人，但是只能这样，没有其他的解决办法。我不曾缺席任何一场俱乐部的比赛，也不会缺席今后的比赛。喜欢我的人肯定支持我这样做，至于不喜欢我的人，就去他的吧！”

我就这样启程了。对于很多人来说，这简直是太疯狂了。但是对于我，这是一种享受，更是一种挑战。于我而言，这是作为阿根廷国家队队长的职责所在。

现在，我回想当时的做法都觉得不可思议。但是我很清楚，如果再给我一次机会，我一定还会做出相同的选择。

我扛起整支队伍的大旗

我乘坐的是阿根廷航空的航班，与往常一样，在晚上十点钟起飞。与尤文图斯队的比赛本该刚过七点就能结束，而我从那不勒斯出发去往位于菲乌米奇诺的国际机场还有两百五十公里的路要赶。本来上面答应给我们警车开道，好让我们能加快速度，结果什么也没有做到。周日的交通本来就很让人头疼，没办法，我只能坐在了驾驶座，我也不记得是哪一辆车了，就这样我们上路了。肯定不是那辆法拉利，因为车上一共有好几个人：赛特尔斯普利勒、克劳迪娅、我的弟弟拉罗和妹妹莉莉，还有我的新闻官吉列尔莫·布兰科。无论多困难，最后我们都上了飞机，终于赶上了。这一路我开了一个半小时。

帕萨雷拉那会儿已经到了机场。我们到达的时候是晚上九点。我还有时间跟他聊天，我说：“听说如果我不参加之后的两场联赛就会被停赛处分。他们这些人根本就不了解我，我一定会去踢这两场的，我会去的。我要向他们展示马拉多纳有能力同时为阿根廷国家队和那不勒斯俱乐部效力。”

当我在机舱里坐下时，我整个人已经累瘫。我一路做着梦。第二天早上，我还在做梦，但是很快清醒了。我再一次踏上了布宜诺斯艾利斯的土地，又一次见到了我的老父亲唐迭戈，自从上届西班牙世界杯之后他就一直梦想着再次看到我披上国家队的战袍。之后我们回到了位于德沃托镇的家，到现在我们都还拥有这房子，并且在去年的圣诞节还回去过节，仿佛这三十年的时光并没有流逝。

在机场的时候我又一次发表了讲话，因为我想让所有人听见我的声音，当时我说："我不是救世主，我是马拉多纳。救世主是比拉尔多——卡洛斯·比拉尔多。我是以一名普通球员的身份回来的，我会为球队付出我的全部。之前和尤文图斯的比赛是一场酣战，但是我已经为下一场比赛做好了准备。我承诺过我会回来，现在我兑现了诺言，我回来了。"

下午四点的时候，我已经身处埃塞萨的商业人员活动中心了。我打着领带出席了这个场合，因为于我而言，回归国家队就像参加一场节日庆典。干净的牛仔裤，条纹衬衫，天蓝色的领带，蓝色的羊毛背心，稍微化了一点淡妆。"把两双靴子都拿给我。"我对我弟弟拉罗说道，他当时在犹豫到底选哪一双递给我。另外，我刚刚落地就收到消息，内容是就在我飞行的途中，我们国家队又一次在里约举行的与巴西队的友谊赛中失利。

所有这一切都是一个信号，表示该我上场了，我应当肩负起国家队队长的重任。

那周的周一、周二和周三我都参加了训练。9日，周四，有一场对抗巴拉圭国家队的比赛，地点在纪念碑球场。两年零十个月啊！几乎是三年时间！我又一次披上了蓝白相间的国家队战袍。随即我就意识到球队还有很多不足之处。但是我必须上场。"鸭子"菲略尔负责包抄边路，克劳森、帕萨雷拉、布朗和鲁杰里负责后场。中场是巴尔瓦斯、庞塞和布鲁。前场有我、德尔蒂西亚和"瘦子"加雷卡。我们最后

1∶1踢平了乌拉圭队，这一球是我在上半场快结束时罚进的一粒点球。

我和队员们又重新聚在了一起，而第二天的下午五点，我又登上了巴西航空公司的飞机，在里约转机，然后抵达罗马。11日，周六，我再一次出现在菲乌米奇诺，但是这一次我没有钻进我的汽车，一路开回那不勒斯，我又上了另一架飞机，直接飞到了的里雅斯特，奔赴那场著名的对抗乌迪内斯队的比赛，当时这支球队正在降级的边缘痛苦挣扎。从的里亚斯特到乌迪内有七十公里的路程，我们一路坐汽车抵达。我到的时候大概是晚饭时间，我简单吃了点就去睡觉了，真正休息了一下。我甚至觉得我睡到了12日周日的比赛开始前一分钟才醒来。如果当时在意大利还有人对我存有疑虑，那么球场上的欢呼声肯定消除了他的疑虑：我踢进了两球，其中一个是任意球，踢得漂亮极了。最后我们2∶2与对手打平。还能指望我做什么呢？赛后我洗了个澡，又踏上了征程。我跳上小车，从乌迪内到的里雅斯特七十公里的旅途之后，我上了飞机，先是抵达菲乌米奇诺，然后又转机飞往布宜诺斯艾利斯。13日，周一，我又回到了阿根廷。我总是在想可能连海关都来不及给我的护照盖章了。

这次的比赛不像跟巴拉圭的比赛那样在周四进行，这次的对手是智利国家队，比赛于周二就举行了，地点还是纪念碑球场。这让我连训练的时间都没有了。此次比赛的门将由“鸭子”换成了蓬皮多，防守阵容和前一次对阵乌拉圭时一样。中场加入了鲁索，前场由帕斯库利替换了德尔蒂西亚。但是有一点没有改变：我踢进了一球。这是我在六天内进的第四个球：对战乌拉圭进了一个、对阵乌迪内斯进了两个、对智利又进了一个。布鲁也进了一球，最后我们以2∶0获胜。我现在还记得这些球员的组合，就是为了让你们了解随着1986年世界杯比赛的进行，后面发生了哪些变化。如果有人说事实不是这样，那他肯定就在撒谎，而且是弥天大谎。

这场比赛之后我们本可以留在布宜诺斯艾利斯，因为意大利联赛里的下一场比赛是对阵佛罗伦萨队，恰恰就是跟帕萨雷拉比赛，而且比赛的结果已经无关紧要。但是联赛的官老爷们摆架子，非要我们回去。于是18日，周六，我又踏上了罗马的土地。由于下场比赛是在圣保罗体育场举行，因此我从机场直奔回家，目的地是我的那张大床。我整整睡了十六个小时！醒来之后我就去了球场，去比赛，认真地比赛。

欧洲佬毫无头绪

我还剩一段不算太远的旅行：转机从法兰克福去往波哥大，去和国家队会合，这次是到淘汰赛的阶段了。从5月5日的周日一直到20日的周一，我已经累计飞行了八万公里。比赛进行到一半，这也是很美好的，不是吗？

对这些我都觉得无所谓，我只想代表国家队出场踢球。

当然在那段时期有关我的谣言又开始出现了，和以往一样：媒体说为了能让我参加对乌拉圭和智利的那两场比赛，国家队支付了我八万美金。八万美金！是的，国家队当然支付了我费用，但是媒体犯了个巨大的错误，伙计们，我当时每天可以获得二十五美元，算是差旅费和其他所有的开销，这也是不小的一笔数目了。我当时对媒体说，就算是弗兰克·西纳特拉也不可能有八万美金的差旅费啊！

在飞往波哥大的航班上我和帕萨雷拉一起坐在头等舱。帕萨雷拉在联赛的一场球赛上被警告了，于是他用一场旅行来暂时逃避一下。这次的旅行我俩同行。我们在夜里到达哥伦比亚后，我去跟队里的伙伴们一起吃了晚饭。但是我没做其他什么事，只是想跟队伍在一起。

第二天我们在营地体育场进行了第一场练习赛，我也希望在训练中露面。参加淘汰赛的阵容慢慢组织起来了，接下来的第一场比赛就是对阵委内瑞拉，地点在圣克里斯托瓦尔。但是我们一整周都待在哥伦比亚，然后周五出发。对于我来说，频繁飞行是一件非常不舒服的事，我们飞抵库库塔，随后去圣克里斯托瓦尔，这时旅途才真正地变得糟糕起来。第一个问题是坐迷你巴士在山路上穿梭非常不舒适；第二个问题是接待的球迷过于热情。球员肯定是喜欢看到球迷的，但是绝对不会喜欢过度热情的球迷，尤其是热情都变成暴力了。我们到了目的地下车后，在走向埃尔塔玛宾馆的路上，我被球迷踹了一脚，当然他们是无意的，但是这一脚比当年戈耶科切亚的那脚给我带来了更大的麻烦。

我一路跛着脚回到了酒店，一整晚我的膝盖上都敷着冰块。幸好那晚我是一个人住一间，否则没人能受得了我的哀号声。最终我在早上五点钟才睡去。那次的疼痛一直伴随我到世界杯，当时针对那次病痛的治疗也存在很大的争议，但是最后我又一次被奥利瓦医生的双手解救，我赢了。但是这件事还有很多地方值得讲述，我现在就说给诸位听一听，在这之前，有些事情我也从未听说过。

我记得很清楚，我父亲、兄弟们和经理人赛特尔是在球场观众席观看那场球赛的。我刚到达场地的时候就看见了他们，然后其他人对我说因为没有搞到通行证，所以就邀请他们在球场观众席上看球。“土耳其人”像疯了似的叫道：“我哥哥今天可是要干大事的！”事实上我是做出了一些成绩，但是也付出了代价。南美洲的淘汰赛通常非常凶悍，可以说是极其凶悍。我之后以教练的身份也体会到了这一点。欧洲人对于在南美洲的球场上和南美洲的球员踢球是什么滋味可谓一点概念也没有。你的脚踝时刻会被伤害，所有的赛场都很艰难。委内瑞拉队果真没让我们好过。那是5月26日，周日，球队出场阵容如下：守门的是“鸭子”菲略尔，克劳森和加雷在边路，帕萨雷拉是自由后卫，特罗塞罗比他更靠前一些，中场的位置比拉尔多安排了鲁索，前锋是庞塞和布鲁，最前面是佩德罗、加雷卡和我。

开始我们踢得不错。比赛刚开始三分钟我们就凭借我的一记任意球以1：0领先对方。但是在第九分钟的时候，由于我们的一次疏忽，比赛打平了。下半场的时候帕萨雷拉先进了一球，紧接着我头球入门。一个头球！接着是布鲁的一次任意球。但是没过多久，对方又扳回了一球，最后我们在紧张的比赛中结束了战斗。在我看来，这个结果不太好，因为这意味着我们要去波哥大与哥伦比亚队比赛，他们第一场战胜了秘鲁队。

当时的哥伦比亚队虽然不是"小孩儿"巴尔德拉马所在的那支队伍，但是他们仍然拥有威林顿·奥尔蒂斯、伊瓜兰等优秀人才，他们让球队活了起来。而且还牵涉到海拔的问题，很多细节。我应该呈现出阿根廷的伟大之处，我们球队的伟大之处。到了波哥大就像回到自己家一样，可以让自己精神集中起来。之前的一个礼拜我们已经适应了，现在我们继续这种生活。我们被安排下榻在拉丰塔纳酒店，之后我们也被安排在这家酒店，在世界杯决赛阶段开始之前，我都是住的套间，只有我一个人有这种待遇。这真的让我没什么可抱怨的。

"土耳其人"和拉罗虽然还很年轻，但是已经对足球略懂一二了，他们花了很多时间跟我在一起。他们和我一同出席一场又一场的比赛，但是在比赛之余我们也能找时间一起吃烤肉。当然了，真正的烧烤厨师是我父亲，烧烤的食材还是我的岳父可可带来的。所有这些貌似无关紧要的小事，一点点地把我们这支队伍凝结在一起，最终组成了一支勇者的队伍，队伍里有很多勇士。

在营地体育场的那场比赛，出现了一些变化。我们针对第一次比赛做了一些功课，后来发现做功课是很有必要的：朱斯蒂和特罗比亚尼冲到了前场。朱斯蒂在防守反击的时候突破，特罗比亚尼在前场跟我们有更多的配合。那天是6月2日，周日，我们最后以3∶1赢得了比赛，其中佩德罗连中两元，另一球是布鲁踢进的。帕萨雷拉在比赛结束时抓住我，也不知道为什么他会在场地中央，他用庆祝的语气对我说："迭戈，你没有进球真是太遗憾了。"

"我无所谓，真无所谓，我唯一希望的就是球队能出线。"

之前我们在淘汰赛中并没有多少经验，我们只是想赢得比赛，当时的压力非常大。如今我回头一想，如果当时我们在波哥大输掉了比赛，那么我们就被世界杯拒之门外了。

面对所有人的谩骂

后来我们终于回到了布宜诺斯艾利斯。我们以客场领先六分、六个进球完成了这段时间的比赛。我们历经千辛万苦，"终于"回来了，但是没想到回来后的遭遇却很凄惨。回国后我才发现，所有人都对我们球队非常不满。那种负面的情绪非常明显。所有人都在对球员进行谩骂。那是6月9日，周日。当然了，我并没有参加之前的比赛，只是在最近的两场友谊赛中出场，因此我也不理解为什么球迷们会这样。但是好像所有人都前往纪念碑球场去发泄对球队的不满了。注意，不是发泄对我的不满。很多球员那段日子特别难过，比如特罗塞罗、朱斯蒂，还有加雷。在以3∶0比分结束的那场比赛当中，确实有两个球是在最后四分钟才踢进的，一球是克劳森接过我的传球踢进的，另一球是我的头球进门，但我们确实把委内瑞拉人打得落花流水、无力反击。第一个球是鲁索打进的，之后的比赛我们一直在对着对方大门进行猛攻。对方特别给我起了个代号，我记得他们叫我"奔跑者"，而这对我来说是好事，因为我喜欢一对一的较量，因为如果对方的注意力集中在我身上，那么我的同伴就有了更多的空间。那是巴尔达诺作为队长出场的第一场比赛，豪尔赫的加入也给我们提供了另一种选择。最后的结果是我们在慢慢前进，朝着我们所有人心中唯一的目标前进。那个目标就是世界杯。

一周之后，我们要求大家在纪念碑球场比赛时千万不要再做出头脑发热的举动。比赛结束后大家得到观众的掌声比得到的嘘声要多一些。哥伦比亚又一次成为我们衡量自己位置的标尺。

最后我们以1∶0赢得了比赛，进球的是巴尔达诺，他头球入门。如果当时我的那球也攻进去的话，估计对方得让我付出双倍的代价。那一次进攻是我所有国家队比赛当中的最佳进攻之一：我在球场后四分之三的地方拿球，轻轻一拨，轻易晃过了普林斯。之后，我又越过了对方两名球员，应该是莫拉莱斯和基尼奥内斯，之后我独自面对索托。对方用脚钩我，我躲过之后继续运球。又出现了两个对手：波拉斯和卢那从左右两边夹击我，但是我还是克服了，并且顺利来到了中场。我从左路突破进攻，看到守门员上前拦截我，我抬起左脚就射门，但是皮球被戈麦斯挡了出来，然后反弹到帕斯库利脚下，他差点就进球了。我们踢得很棒。巴尔瓦斯也加入了进来，这实在是一次精彩的配合。

就在这个时候，我膝盖的肿痛给了我重大的打击！那是在意大利时就出现的问题，具体来说，是在那不勒斯的时候出现的问题。连阿坎波拉医生都被派来对我进行治疗，他是我们在俱乐部的医生，特意来检查我的伤势。在做完检查之后，他说："就你现在的状况，如果在意大利，我们是不会允许你参加比赛的。"而我的回答也很明确："我等了整整两年才等来了世界杯和队长的身份，我梦想着这个时刻的到来。膝盖的伤也不能阻止我享受这一刻。如果意大利的医生千里迢迢赶来这里就是为了对我说不可以去比赛的话，我会建议他去乘坐下一班飞机赶紧走人，因为我无论如何都要去比赛。"这段话我是对医生的答复，其实也是对所有人的答复。

这次来的不只是“大鸟”，还有意大利俱乐部的主席皮耶尔保罗·马里诺。所有人都无比紧张，除了我。在比赛前一小时，我进行了测试，所有人都看着我，仿佛眼前是一个怪物。我的两个医生都在场，马德罗和“瞎子”费尔南多·西尼奥里尼，后者是我的体能教练，他比任何人都了解我的身体状态，我的弟弟也在场。检测结果显示我的膝盖功能还不错。就算结果不理想，我也一样会去比赛。膝盖的伤病会持续很久，但是我一定会坚持比赛。到底膝盖的伤持续了多久，我会在接下来的篇幅里向您讲述。

终于进球了

现在要谈一谈更重要的话题，就是淘汰赛。我们与秘鲁队进行了两场比赛，一场在利马，一场在布宜诺斯艾利斯。两场我们踢得都非常糟糕。我觉得没有什么比赛比那两场更加令我感到煎熬了。两场比赛，各有不同，但是同样糟糕。第一场是因为雷纳对我的盯人防守，所有人都记得很清楚。这个兔崽子一直跟着我，甚至到了哈瓦那他还阴魂不散。我说真的，当我在哈瓦那的时候，他给我寄了一个足球。

我记得在那场客场的比赛中，某一时间我下场让医生给我进行治疗，然后这个兔崽子就跟着我到了场边，他也不踢球了，就盯着我！

那是6月23日，周日，我们以0：1输了比赛，唯一的进球队员是对方的奥布里塔斯。我要申明的是我本人很喜欢盯人防守，因为我可以用小技巧晃过防守队员，但是雷纳这个人对我的防守不仅用上了手，还用脚，什么都用，与1982年詹蒂莱防守我时给我两脚那次如出一辙。我当时什么都没对他说，一个字也没有，因为我对付这种招数的方法只有一个，那就是好好踢球。永远就这一种方法。

在三十年后的今天，像雷纳这样的球员在场上坚持不了四十五分钟，但是那次他却踢完了整场比赛。我记得比赛之后在宾馆里我跟几个记者描述了我糟糕的感受，这感受不仅仅来自比赛的失利。我认为如果要我从淘汰赛当中选一场比赛作为难踢的典型，我肯定选择这场。那次的比赛，巴尔瓦斯以队长的身份出场，我们在中场相互照应，然后我同巴尔达诺单独在前场作战。但是最终我们并没有取得理想的成绩，这让我开始担忧接下去的比赛。一直以来，我们都做得很好，但是如果在最后的时刻出错，那就等于功亏一篑了。

我发誓就在前几年，为了南非世界杯预选赛，我作为国家队教练带领球队在纪念碑球场对战秘鲁队的时候，所有往日那些不愉快的经历又回到了我的脑海当中。那次比赛中我曾表示从来没有哪一个球场能让我感到如此惊慌，而且你们看，那次的比赛也跟从前一样，再一次让我置身于困境之中。这倒不是因为我对自己的球员没有信心，而是我对自己没有信心，因为所有的一切看起来都那样不顺：噩梦般的球场、雨水，还有突然被拜仁慕尼黑附身的秘鲁队。要承认他们确实有非常好的球员，比雷纳出色得多，比如埃斯塔万、贝拉斯克斯、奎托、乌里韦、奥布里塔斯等。

这样就能看出来担任主教练是非常艰难的任务，因为那时候你自己都想亲自上场把球踢进，然而你并不可以这样做。还有一项艰难的考验就是带伤上阵：我当时因为右膝伤病的疼痛，整个人都无精打采。在场上跑动踢球没什么问题，我梦想着找一个好的角度痛快地攻进一球，但是我做不到。当时我脑中不断浮现一个词：复活赛。如果我们输了这场比赛，那就要等到复活赛才能有机会出线。当时的比赛只剩下十分钟，我们以1：2落后。该死！

太可怕了，当时的我正在遭受怎样的煎熬。

那场比赛卡米诺代替克劳森出场，但是在上半场的时候他把对方球员佛朗哥·纳瓦罗踢伤了，对方被抬出场外。被抬出场外！刚开场十分钟的时候我们就靠佩德罗的进球以1∶0领先了，但是很快就被追平，然后在上半场结束之前，我们竟然被反超了。于是，所有的幻觉都出现了。

我当时很想哭，那是绝望的场面。我问："老爸，怎么会这样？"我们踢得如此容易，效率异常高，两次进攻就有两粒进球。我找不到合理的解释。

中场休息的时候，我们球队内部在相互责骂，因为大家都知道比赛失利是我们自己的失误造成的，而不是因为对方有多么优秀。比拉尔多在更衣室一个屁也没放，什么指导都没有做，没有对进球有任何评论，也不说我们的失误具体在哪儿。他只是对我们喊道，不要再相互责骂了，让我们好好把比赛踢完顺利出线。

那一切都是个错误，大错特错。

因为我们所有人当时已经跟疯子似的，而且比起2∶2追平秘鲁队，似乎他们更有可能再进一球，以3∶1领先我们。时间一分一秒在流逝。我看着纪念碑球场的记分牌说："见鬼，他们是在加速计时吗？"这让我想起了卡洛斯·蒙松在月亮公园体育场对抗本尼·布里斯科的时候看着计时牌的场景。但是我当时还没有站不稳。虽然膝盖的伤让我做不到随心所欲，让我剧痛无比，但是都会过去的。

我从后半场进场加入比赛，想着要给我们队进一球，但是那时候球并不在我们这一方。场上的局势是对方三人：巴瓦迪略、乌里韦，还有另一个我忘记是谁了，我方两人：特罗塞罗和"鸭子"菲略尔。如果当时乌里韦把球传给巴瓦迪略，那么他们将会攻进第三球，以3∶1结束比赛，但是乌里韦选择传给了另一人，那人前去接球时滑倒了，"鸭子"拿到了球，我们开始了反攻。

我们终于迎来了进球。

帕萨雷拉的带球和加雷卡的射门就像帕勒莫多年之后在南非世界杯上的表现一样精彩。我总是说："马丁下脚就跟加雷卡当时的踢法如出一辙。"真是一模一样。那次我像个疯子一样庆祝我们的胜利，如同多年之后我在草地上匍匐滑行庆祝一样疯狂。同样的感受，同样的令人窒息。

在我仍然同比拉尔多讲话的日子里，有一次，我对他说当时应该把加雷卡带到墨西哥世界杯决赛去，就像我把帕勒莫带到南非世界杯决赛一样。为什么呢？因为当我不在时，加雷卡为比拉尔多做的一切都让他有资格参加世界杯。当我还没回来的时候，少数支持比拉尔多的人里面就有加雷卡，事实就是如此，我一码事归一码事。那时候好球员不少，但是最后做决定的是教练。后来我归队了，这个浑蛋就把加雷卡踢出队伍了。

但是，直到今天我还非常清楚地记得当我们手握出线权，平静下来之后，我在纪念碑球场的更衣室里对加雷卡说了这些话："我们会赢得这届世界杯决赛，虽然过程煎熬，但是结果一定是我们胜出。"

第一步已经成功迈出，但是我知道之后的路会更加艰难，那将是一场跋涉。当然，我也坚信虽然前途荆棘密布，但我们最终会成为世界杯冠军。

膝伤"爆炸"的那一天

每当我脑子里深种一个念头，就几乎不可能将其移除。在巴塞罗那我脚踝受伤的那一次，第二天我看到报纸上说我运动生涯将就此终止。我当时的反应是："真的吗？我们走着瞧好了。"

因为在委内瑞拉被踢了一脚，我在之后整个预选赛期间都深受膝盖伤痛的困扰，此时我也面对着同样的情形。媒体倒没有直接说我再也不能踢球了，但是所有人都说我肯定要接受手术，然后不知要花多长时间恢复。对此我什么都不了解，所以跟那次在巴塞罗那一样，我打电话给“疯子”奥利瓦医生，他是个疯子，但是是个医术高明的疯子。

奥利瓦对我说：“你不需要手术。”这正是我想听的，也正是我需要的。

然后我怎么样了？我的腘肌肿了，只要我活着就肯定不会忘记这个生僻的词。同样不会忘记刺骨的疼痛，因为我的腿伸也伸不直。

自从那个头脑发热的蠢蛋踢了我一脚之后，我每天看到的和听到的都是：“马拉多纳需要手术，马拉多纳需要手术。”全世界都这样说。连那不勒斯队的医生都跟我说要我去做手术。但是“疯子”奥利瓦没有这样说。不管国际米兰、AC米兰、罗马、尤文图斯那么多强队的队医再怎么坚持我要手术，他都坚持下来，对手术这个方案说“不”，那实在令人感到痛快不已。这些人为什么都要掺和我的事情？

后来，在跟克罗尔执教的一支队伍进行一场友谊赛时，这个问题终于得到了解决。事情是这样的：上场前，我打了一针封闭，但我还是感觉到不适，膝盖像被钩子钩住了一样。“你会渐渐放松下来的。”“疯子”对我说。但是当我上场后，到了要发力的时候，我还是感到腿被牵绊着。然后比赛就开始了，十分钟过去，我几乎忘记了伤病。我循着球过去，一转身，然后只听见咔嚓一声，我感到膝盖“爆炸”了。

钻心的疼痛让我立刻躺倒在地上。“疯子”赶了过来，对我说：

“膝盖爆了？”

“是啊！医生！我疼死了！该死，我真是疼死了！”

“太好了，这正是我想要的。”

我呆住了，望着他。这家伙比我想象中还要疯狂。我听见他说：

“你们把他挡一下，掩护一下。”然后他拿出一支针筒，巨大的针筒，给我注射，就在球场上。我面朝下，感受到一阵无比剧烈的疼痛。

“现在你动动膝盖。”他对我说。

我照着做了，竟然什么感觉也没有了。膝盖确实又能动了，我得以继续比赛。最后我进了一球，我们以2∶0赢得了比赛。九十分钟的比赛结束后，我走向休息的长凳，这时候“疯子”对我说：“现在那些想让你动手术的人都在哪儿呢？”

所有人全力以赴

好了，我个人的问题已经解决，但还有更大的问题，那就是围绕着整个球队产生的种种问题。

民众觉得球队不够亲切，对球队缺乏感情。正如我之前所说，这支队伍之所以能组建起来，完全是因为足球技术层面的关系，当时民众对于球队就产生了许多偏见，许多头脑发热的人也在里面掺和。

但是真正受到影响的是我们这些球员，我们走到哪儿都不受欢迎。因此是时候要我挺身而出了，因为在我的膝盖完全康复之后，我身穿那不勒斯的球衣在球场上有了一番作为，那是在1985年底，差不多11月的时候，我完成了所有那不勒斯人的梦想：凭借我的一粒任意球进球，我们战胜了尤文图斯队。塔科尼现在还在寻找那个球呢。那记任意球不是直接射门，我从球场中间罚球，之后皮球越过了人墙入网。我转瞬间就完成了进球，仿佛烟雾一般！整个球场都沸腾了。前不久，这粒进球也经常被谈起，因为恰逢进球的三十周年纪念，而且也因为那不勒斯队再一次达到了可以和尤文图斯队抗衡的水平，如同过去那段时间一样。于我而言，我希望有人能打破纪录，希望有人能够超越我。如果那不勒斯感到幸福，我就感到幸福。

在那不勒斯的那段时光里，我非常快乐，但是在国家队，快乐就变得很难。为了让大家理解我当时对于国家队的感受，我还是要重申我三十年前的想法：在那种情况下，如果让我选是代表那不勒斯踢球，还是代表国家队踢球，我会毫不犹豫地选择后者。因为那是需要我挺身而出的时刻，是需要我奔赴战场的时刻。

也许正因为如此，我才觉得孤单，感到难过，同时也感到深深的担忧，这简直和《体育画报》的标题一模一样。我对那期画报的封面标题印象太深了。当时距离世界杯开幕已经没有多少日子了，可以说很快就要开幕了。那时比拉尔多来到那不勒斯看我，主要来询问我的身体情况。我不知道他当时在想什么，竟然不让我参加训练，不让我完成该完成的练习。他把所有的事情都弄糟了。更糟糕的是他去了佛罗伦萨找帕萨雷拉，仿佛在我这里问题并没有得到解决。你知道当时我害怕比拉尔多身上哪一点吗？我害怕的是他所有已经做好的安排，所有已经决定的事情，都会突然间发生改变，而且发生这种转变的时候，我们已经定下了最基本的任务，那就是一切都向着赢得世界杯冠军这个目标出发。我真不知道他是怎么想的。他当时气得我想要骂人。那段时间我精力过剩，连胡子都长出来了，因此所有人都说那不是一个好迹象。我当时的面相看起来很不好看，但是我的妹妹莉莉对我说让我随它去，不要管胡子了，到最后看看到底适不适合我。她当时的原话是："你会看起来更加有男人味。"我当时确实是个男子汉，但是前提是有母亲陪在我身边，我才有了勇气成为有担当的男子汉。那段时间里，我的母亲托塔正好到意大利陪伴我一阵子，但是我经常问她："托塔，我们回去怎么样？我们回到布宜诺斯艾利斯好不好？"

还有一次，那次倒不是因为我害怕了，而是我知道即将有一系列不好的事情向我扑过来，而且还都是些我不喜欢的事情。但是我们要去踢几场令人不太愉快的友谊赛，首先是和法国队交手，然后是和那不勒斯队，没错，正是我的那不勒斯队，最后的对手是瑞士的草蜢队。那次在更衣室里，我们进行完训练，我的同伴埃拉尔多·佩奇跟我开玩笑似的说我应该一点也不害怕在法国人面前显摆。他的话在我看来一点也不好笑，我非常不喜欢。我当时真想痛打他一顿！

我真正希望的是比拉尔多能够早日结束种种荒唐的决定，然后尽早把参加世界杯的大名单给定下来。他当时在一个三十多人的名单中徘徊不决，但是最后只能留二十二人。我并不是说他当时没有名单，而是想要他把名单再缩减缩减，要给予那些即将征战世界杯的球员充分的信任。同时也要给予在球队最困难的时候不离不弃的球员充分的肯定。我誓死捍卫那些在淘汰赛中挥洒过汗水和泪水的球员，比如加雷卡、帕斯库利、卡米诺、加雷、布鲁查加和庞塞。“鸭子”菲略尔和巴尔达诺也应该在名单里，因为他们的经验会渐渐丰富起来。说真的，我是想让比拉尔多从内心深处好好去尊重我们的球员，尊重他们的人格。我当时还觉得托罗·加列格非常不错，我很欣赏他，还有瓜索·多梅内奇，也是一个很努力的球员。这份名单里并没有群星荟萃，星光耀眼，但是名单里面提到的队员都是一直在努力的人。也因为如此，我公开说过希望比拉尔多能给拉蒙·迪亚兹一个机会。这句话我在1986年世界杯之前和1990年世界杯之前都说过。因此，这段关于我想要把自己喜欢的球员放进名单中的历史被添油加醋地说过很多次，其中充满了谎言。巴尔瓦斯竟然被排除在世界杯大名单之外！天哪，对我来说就像亲兄弟一样的巴尔瓦斯！

还有一个人一直在名单的边缘徘徊，一会儿在名单里，一会又好像被排除在外，那个人就是“博查”博奇尼。所有人都知道，我少年时期的梦想就是能够跟他在同一个球场上踢球。但是我们之前从来没有一起上场的机会。当他在巡回赛的赛场上驰骋的时候，我还没有回到国家队，而当我回国参赛之后，他却被换下场了。后来我们在1985

年末的时候在美国洛杉矶遇到了。当时我们一起参加对阵墨西哥的友谊赛。对于我来说，无论他有多疯狂，他绝对够得上进入世界杯名单的资格。此外，我对博尔吉也有相同的感觉。他确实有时候在场上表现得像个混蛋，时不时给对方一脚，就像在第一场友谊赛上他把法国球员放倒的那一脚一样。但是那次并不是恶意铲断，并不像佩奇在更衣室里说的那样。最后法国队以2：0战胜了我们。在那场比赛上，博尔吉由于踢了路易斯·费尔南德斯一脚被罚出了场外，但是在最后时刻上场的帕萨雷拉也用手肘狠狠击中了对方的蒂加纳，却没有被处罚。三天后，我们在圣保罗对阵那不勒斯队。对我来说，在那个球场上与我平日里的同伴成为对手是一件很微妙的事，好在那场比赛主要是一场表演赛。在那场比赛当中，比拉尔多第一次使用了帕萨雷拉作为自由后卫，而鲁杰里和加雷则是阻截球员。这种阵型在之后的日子里被重复使用了多次。可以说是很多次。

那场比赛之后，我们又去了瑞士，在苏黎世应战草蜢俱乐部队。当时我们以1：0赢得了比赛，虽然赢了，但是很吃力。也正因为如此，我很不喜欢踢类似的比赛，因为对我们来说根本没有任何好处。如果我们赢了，所有人都觉得这是正常的，但是如果我们输了，那球迷们连杀了我们的心都有。对于参加这种比赛的决定，我很不理解比拉尔多。而他也不理解我们这些球员，尤其不理解我，当时我对他说请给我们球员一点时间，一切慢慢会好起来的。拜托了！给我们一点时间！我当时的想法就是，只要我们所有人都到了墨西哥，那么形势自然而然就会往好的方向发展。

当时所有人都担心我的身体状况，但是我自己很清楚我正在康复，而且我将会做好充分的准备。全世界都认为欧洲球员在场上跑得比我们快，他们的身体比我们更强壮，但是我坚信一旦到了墨西哥，一切都会发生变化，我认为到时候我们一定能做到我们想达成的事。最重要的是我们这些身处前线的球员，在失球以后不能呆若木鸡，站在那里不动，傻傻看着，一定要有所行动！

当时舆论的批评反而让我更加强大了，批评声越大我就越有力量，而不会越弱小。但不是所有人都像我这样。如果大家都让舆论的批评声往心里去的话，那么博尔吉就不会成为球队的定海神针，帕斯库利也不会给别人助攻了。所以我说过我们那届国家队是一支遭受迫害的队伍。

到了4月，比拉尔多终于定下了最后的大名单。他没有过多理会我的建议，因此名单里没有加雷卡，没有“鸭子”，也没有巴尔瓦斯。但是好在至少他把“黑子”恩里克定了下来，这人是个很好的球员。比拉尔多之前只在土伦让恩里克上过一次场。由于恩里克并没有和大部队待在一起过，绝大多数人并不了解他，因此他可以算是名单中的一个惊喜。但是也有一些人很不喜欢他，比如巴尔瓦斯、特罗塞罗等。

最终的大名单成员如下——门将：蓬皮多、伊斯拉斯和泽拉达；后卫：布朗、克劳森、库奇乌夫、加雷、奥拉蒂克耶切亚、帕萨雷拉和鲁杰里；中场：巴蒂斯塔、博尔吉、博奇尼、布鲁查加、恩里克、朱斯蒂、塔皮亚和特罗比亚尼；前锋：阿尔米龙、帕斯库利、巴尔达诺，还有身为队长的我。

后来我们又一次出发参加巡回赛，比赛结果非常糟糕。当时我们败给了挪威，所有人都对我们进行狂轰滥炸式的谩骂。但是随后我们又在跟以色列队比赛时踢进了几个球，可惜球迷们并不买账。对于那些旁观者，这七个球根本不够。

但是对于我来说，这个结果已经足够。我坚信，如果能给我们安稳的环境好好训练，凭借我们这支球队这些人，一定能做好充分的准备成为世界杯冠军。

对于这届国家队，我有着非常特殊的感情，我的心情很容易理解，因为我是队长，带领着一支人才济济的队伍。我当时觉得好运一直没有站在我们这边，但事实并非如此，我们缺少的不是好运气，而是勤奋和努力。我还觉得，之前人们对我们缺少尊重，而最大的尊重也应该会在某一刻到来。

看到了吗？我当时无非是要求再给我一些时间，给所有球员一些时间。我不想成为史上最差国家队的队长，当时我也这样公开发表过自己的感想，如果能让队员们安安静静地把球踢好，我们一定会赢得胜利。经过意大利联赛的历练，我成了一个更强壮的人，因为在那里的球场上我总是同时要应对两个防守队员，有时甚至更多。我一直在做准备。但是不幸的是，对国家队，所有人都用大炮对着我们进行攻击。

在那次糟糕透顶的第一轮比赛之后，政府想让比拉尔多下课。真是糟透了。但是我站在了比拉尔多这边，直到今天我也是这么说的。三十年前，我站在比拉尔多身后支持他，三十年后他却没有为我做到相同的事。

当时的下课事件至少起到了一点作用，就是比拉尔多知道自己时间有限，他收起了只说不做的那一套，开始真正发挥起教练的作用了。而我们所有的球员一直以来都抱着相同的决心，那就是全力以赴争夺世界杯冠军。

第二章

冠军在会议中诞生

在哥伦比亚的时候，一场针对比拉尔多的革命已经开始酝酿起来。最后，这场革命结束了比拉尔多的绝对话语权，开始展现出团队的力量。因此在那之前，只要比拉尔多说“我们要去拉基亚卡”，我们一定会去，或者不开玩笑地说，球员们一定会去。或者他说我们要踢这场比赛，要踢那场比赛，我们也一定照做，就如在波哥大和巴兰基亚的几场奇怪的巡回赛一样。因为那时候，1986年5月初，我们进驻墨西哥美洲训练基地已经十天了，他还让我们去哥伦比亚参加其他的比赛，真是令人匪夷所思。

事情不应该这样发展下去。

最后，在那场巡回赛中，我们只踢了一场。正式比赛是一场，此外我们还进行了几次比赛。这些场外比赛也是很重要的。

对于这些事情，我们这些球员起到了关键作用：我们刚刚从墨西哥抵达哥伦比亚首都波哥大的时候，就在拉丰塔纳酒店的一间套房里开了个会，而在巴兰基亚与青年队以0：0战平之后，又开了另一次会议。

第一次会议的日期是13日，周二，但是完全跟坏运气不沾边。我们刚下飞机就直奔会议。就在那个5月的晚上，在距离墨西哥世界杯初次亮相还有三周的时候，一支冠军队伍由此产生了。那是一支不会理会来自任何方面压力的队伍，一支会让所有人听见声音的队伍。记者、球迷、政客、领导人、各种反对者以及球队教练组本身，他们都会听见我们这些球员真正的想法。这是一支懂得如何踢球的队伍。

梅诺蒂派还是比拉尔多派？别管那么多了！

当时我们已经在墨西哥待了一周，就在我们出发去哥伦比亚的那天早上，很多事一开始就不顺利。本来预计是早上八点半出发，这么早起来对我来说已经是困难至极，但是航班竟然延误到中午才起飞，原因是听说有炸弹威胁什么的，我也不清楚。就这样一路到达了目的地，无形之中给晚上的会议增添了更多的火药味。

我们二十二名球员全部到场，只有球员，别无他人。

大家谈到了钱，讨论了如果我们真的成为冠军将会得到什么样的奖励。是的，因为大家对拿到世界杯冠军这件事非常有信心，知道自己肯定能走到进行冠军巡游这一步。你们知道三十年来上一批代表阿根廷获得世界冠军的我们最后得到了多少奖金吗？三万三千美元。对，你没看错，就是三万三千这么少。这点钱也就是如今一个球星的差旅费。而我们当年每个人每天的差旅费是多少呢？二十五美元。二十五！我今天讲出这个数字来还是觉得难以置信。

所以我们就在那次会议上讨论这个话题，渐渐地，我们发现钱对我们来说并不那么重要，更加重要的远不止这个。谈论钱是一件很残酷的事，因为当时我们中间有些人已经在欧洲踢球挣了大钱，但是其他人并不富有。有些人身后有一大批支持者，但是其他人并没有。我当时的想法是让所有人都懂得为国家而战的荣誉感，我们将身披国家队战袍而不是什么普通的球衣。这不是那些官员或者反对者能够左右的。决定一切的人是我们自己。

我们还谈到了训练，我们真正需要的训练，那些训练可能会超越我们的极限，但是需要我们去完成。我们应该全力以赴、不留一点余地地投入训练。

对我而言，所有这一切就如同今天刚刚发生的事一样。我走到了大家的中间开始讲话。我看着所有人的眼睛，感到自己全身的热血在沸腾，感觉我后颈的血管都要爆炸了。我紧紧咬住牙齿，觉得差点就要把牙齿咬断了。每当我说出一个字，我的拳头就握紧一点，仿佛我随时要打架一般。就是这种感觉，这正是我想要的，把言语当作武器，然后正中要害，直击人心。

"现在我们必须要忘却之前的一切。忘记所有事情！忘记我们的俱乐部、我们的家庭、我们的薪酬，忘记所有问题。我们现在只能想到我们自己。无关他们，只想我们自己。谁是首发谁是替补并不重要，不要在这种问题上纠缠，我们所有人都在一条船上，我们必须帮助自己人。希望没有人掉队，一个也不能少。一荣俱荣，一损俱损，明白没有？！因为外面有很多人等着看我们的笑话，注意，不是看一个人的笑话，他们是想看我们所有人失败。他们觉得我们失败了就会支离破碎，比现在他们的所作所为还能让我们支离破碎。但是你们知道吗？我们不能让他们得逞，绝对不能！"

那是一场宣誓。

如果在那时候把我们立刻带到球场去，面对任何对手我们都能踢进去五个球，因为我们在与所有不理解我们的人对抗。所有队员都在场，令人欣慰的是，没有人保持沉默，每个人都用自己的方式发表了意见。这支队伍需要聚集在一起，需要把想法表达出来，也可以表达出来。那次会议上连博奇尼也发言了，之前我们甚至不知道他说话是什么声音；一个月前才刚刚入队的恩里克也发言了；除此之外，还有泽拉达，他在墨西哥时才加入队伍；阿尔米龙，之前他一分钟都没有上场过；当然还有巴尔达诺，他滔滔不绝，以至于我们有时候得跟他说“行了，别再说了”他才能停下来。帕萨雷拉当时也发表了自己的意见，但是后来他再也不说话了，现在你们应该也知道原因了。

就这样，在巴兰基亚与青年队的比赛结束之后，当我们意识到那里的天气热得让我们觉得连抬腿都困难的时候，我们开始问自己去那儿比赛的目的到底是什么，为什么不驻扎在墨西哥好好训练。距离世界杯只有三个礼拜了，我们还在哥伦比亚来回兜圈子，把自己暴露在媒体舆论的批评之下，不仅要面对完全不同的天气，还要对付来自对手的凶残防守，因为他们唯一想做的就是展示自己有多强悍。我们所面对的是炎热到令人窒息的天气，这与我们即将要面对的墨西哥高原天气截然不同。我确实记得乌拉圭人霍延在那场0：0的比赛中表现得很不错。我们本可以赢得这场比赛，但是我更记得我们已经热得连腿都抬不起来了，记得我们只能看着对方球员从我们面前跑过，乌里韦当时的脸色差劲极了。我们踢得并不差，与以往的比赛相比甚至可以说踢得还不错。但是我们没能进球。因此，对于一支本来就没有获得多少信任的球队来说，在本该增加这种信任的时候却得到了这种成绩，简直是雪上加霜。

于是我们找到了队里的体能教练埃切瓦里亚，他是一个运动好手，教练组中最棒的人，跟他说了我们的想法。埃切瓦里亚是个非常智慧的人，他说他非常理解我们想回到墨西哥训练基地的决定。后来我亲自去找比拉尔多谈话，对他说回到墨西哥是我们整个队伍的决定。听到我的话之后，比拉尔多回答道：“不可以，接下来的比赛已经确定了，还有另一场比赛也是。”但事实上第二场比赛根本就没有定下来，真是个混蛋。直到今天也没人能让我把这件事情给忘掉，因为我想起来就咬牙切齿，原因是这一系列的友谊赛都是比拉尔多的朋友恩佐·杰诺尼组织的。于是我们在巴兰基亚平原踢了第一场友谊赛，但是对我们什么帮助也没有。而第二场比赛，听说要在波哥大举行，至少那地方是高原，但是我们不是疯子，我们决定不去了。

于是我对比拉尔多说了如下的话：

“队伍是不会去的，卡洛斯。全队球员因为天气的原因几乎连腿都抬不起来，而且我们还得面对舆论的批评和对手的凶狠防守。在平原的比赛对我们来说有什么用处？比如刚刚踢的那一场。屁用没有！波哥大高原呢，我们确实要去的，但不是去比赛，而是要在那里转机去墨西哥。”

“别这样，迭戈，还有十张卢卡[1]钞票要给你。”比拉尔多试图说服我。

但是不管一万比索给我还是给其他人，这不是钱的事儿，当时每场友谊赛的价格只有八百美元。是的，只有八百美元！我们本应该待在美洲训练基地，让队员好好休息，好好适应当地的气候，在一个充满批评的环境中好好适应。我们要去世界杯举办地训练，高原反应才会真的让我们在跑动的时候感觉快要断了气。那不是巴兰基亚的平原能提供给我们的，波哥大的高度也远没有达到那种效果。

对球队来说，在这场掰手腕式的较量当中打败比拉尔多是件好事，因为那时的比拉尔多非常被动，他只能让步，因为我们不准备踢接下来的比赛了，整支球队都不准备比赛了。

事情就是这样，那次的会议是一个分水岭。我把整支队伍聚在了一起，使球队变得前所未有的强大。在那次会议上我们给自己准确定

1 一张卢卡等于一千比索。

位，知道如果要对抗所有人，不如所有球员站在同一阵线去对抗。

当年我们是第一支到达墨西哥的队伍，我们也想成为最后一支离开的队伍。于我而言，过度专注总不是一件好事，总是让我感到窒息，但是那次的专注是不一样的，因为是我们自己想要专注地投入到比赛当中，这从我们的脸上就能看出来。从那时候起，一切都开始好转。

在那次回程途中，我和吉列尔莫·科波拉进行了一次对话。

“你记得我在以色列的时候对你说过，这次世界杯我们是冲着第三名来的事吗？”

“当然记得。”

“我跟你说，在巴兰基亚的时候，我的感觉就不一样了。我觉得当时我们的状态很好，可以说是好极了。我当时就觉得我们可以成为世界冠军。”

这是一段真实的对话。我说出上述的话并不是因为在赛场上发生了什么而改变了我的想法，而是在赛场之外发生的事情彻底改变了我们。因为我们所有人面对面说出了心里话，让事情回到了正轨。

当时球队里分成两派，比拉尔多派和梅诺蒂派，两派各有心思。今天我可以平静地说，我一直都是梅诺蒂派，但是当时我是国家队队长，我必须扛起国家队的大旗。无论每个人心中飘扬着什么样的旗帜，我的目的只有一个，就是成为世界杯冠军，不管我们面对的对手是谁。

因此当时我就说过，帕萨雷拉之所以没有上场踢球是因为他支持梅诺蒂。他想因此强调两位教练的不同之处，而实际上我们唯一要做的就是站在同一战线上。两位教练的区别非常明显：“瘦子”用只言片语就能给你总结一场球赛的重点；而比拉尔多喜欢放十遍录像来解释一次进攻。但是最后我们聚在一起都是为了一个共同的目标，所以一定要放下成见，不能搞内斗。

公开宣称支持梅诺蒂的队员有帕萨雷拉、博奇尼，还有巴尔达诺。当时没有很多人支持“瘦子”，因为比拉尔多已经开始负责甄选国家队队员，而且选的都是非梅诺蒂派的球员，除了一些非选不可的人。你懂了没有？鲁杰里也是梅诺蒂派的一员，但是像他这样的一个怪物，怎么可能不入选国家队呢？

我也是梅诺蒂派的一员，但是比拉尔多选择了我，而我唯一看重的是最后的目标。1978年和1982年的世界杯一直是我心头的伤疤，对我来说最重要的是阿根廷国家队能否成为世界冠军。其他的一切，在那个时候，都是鸡毛蒜皮的小事。但就是这些小事，在那场会议之前，一直缠着我们，阴魂不散。

波哥大的会议我们赢了，球员们赢了，同样，巴兰基亚的会议我们也赢了。从那时候开始，再也不分梅诺蒂派或者比拉尔多派了。我们已经疲倦，唯一的想法就是回到墨西哥。会议大约持续到凌晨四点，因为还要改签机票。埃切瓦里亚教练跟我们并肩作战，他比任何人都理解我们的真心。

“你懂了没有，蠢货？”

那之后我们还开过好几次会，为了弄清楚我们自己对队伍的真正看法，或者为了说出自己的状态，看看有什么需要，是否要进行更多的训练，埃切瓦里亚教练是否觉得某些人还需要特别针对性的训练等。我们每隔一段时间就开一次会，目的就是让整支队伍变得更加强大。会议的主人永远是我们这些球员。其他的人，包括教练组，都被排斥在外。

但是在我们离开哥伦比亚到达墨西哥之后，也就是刚刚从巡回赛回来时，在训练基地我们又举行了一场会议，被我们称为“关于帕萨雷拉的会议”。在那次会议上，所有事情都不对劲了。

这件事我在《我是迭戈》这本自传中讲述过，这次我再详尽地讲述一遍，因为这件事带给我的困扰无处不在，但是在我的记忆深处，这件事并不算什么大事。

事情是这样的：我和其他几个“叛徒”不知什么原因迟到了十五分钟。帕萨雷拉口中的“叛徒”指的是我、帕斯库利、巴蒂斯塔和伊斯拉斯。我们几个之前一起出去了一会儿，因为是自由时间。我们仅仅迟到了十五分钟而已！到会之后我们就开始忍受着帕萨雷拉独裁者般的批评，说什么身为队长怎么能迟到，还有其他种种罪行。

我没有反驳，一直让他说下去，我当时气得血管都要炸了，但还是忍住了。最后我问他：“你说完了吗？”他趾高气扬地回答我：“讲完了。”于是我对他说：“好吧，那现在轮到我们来说说你的事情了。”

于是，面对全体球员，我开始说出我所知道的帕萨雷拉是什么样的人，做过什么样的事，知无不言，所有的都说出来。不管局面会变得多难看，我更倾向于把事情说明白，我不喜欢当和事佬或者虚假的朋友。为什么会说我是帕萨雷拉“虚假的朋友”呢？那是因为最后我远离了他，并且让其他人认清了帕萨雷拉的真面目，因此，我跟他之间的友情就此告终。在欧洲的时候，全世界都在传消息，说帕萨雷拉跑去摩纳哥，跟一个阿根廷国脚的妻子幽会。他不仅做了这件事，而且还回来在佛罗伦萨队的更衣室里跟自己的同伴炫耀这事儿，好像这是他的一项战绩！这事儿是佩奇跟我说的，当时他还说：“迭戈，这人不应该做这种事，更不应该事后还作为自己的谈资跟人到处炫耀！”所以，事实就是没有人会在那件事情之后还支持他。

问题就这样像滚雪球一样越滚越大了，因为当时在国家队里有两个派别，一派支持帕萨雷拉，包括巴尔达诺、博奇尼等。帕萨雷拉给他们洗了脑，说我们这几个迟到是因为出去吸毒了，等等。当然，吸毒的事另说，但是他说的我们这些人，是我的队员们，是整个队伍。

于是我对他说："好吧，帕萨雷拉，我承认我自己是吸的……"

顿时我们的周围都安静了下来，然后我继续说道："但这是另外一码事，刚才迟到并不是因为这个原因。你看清楚，不是这个原因！还有，你现在把不相干的人也扯到这种事情中来，这些人是我的朋友！我的队员们跟毒品什么的无关，你懂了没有，蠢货？"

唯一的真相是帕萨雷拉想通过这种编造谎言、挑拨离间的方法让球队的人都站在他那边。从一开始失去队长和领袖的头衔之时，他就想将其夺回，这件事让他如鲠在喉，因为他确实不失为一个好队长，我也一直这么说。但是取代他队长之位的人是我，我曾经是、现在是、也永远将是那个伟大的队长、真正的队长。

讲完这话，帕萨雷拉对我极尽诬蔑之能事。他紧抓住巴尔达诺，因为对方是一个非常聪明的人，所有人都听他的（包括我，我甚至有一次听巴尔达诺讲了四个小时的话而一句话也插不上），帕萨雷拉让巴尔达诺相信我最后会让所有人都走上吸毒的道路。让所有人都吸毒！因此我走到中间，代表我的队员，也代表我自己，对着帕萨雷拉怒吼一句："这里没人吸毒！老兄，这次没人吸毒！"

然后我以我女儿的名义向大家发誓，在墨西哥没人吸毒。

因此，巴尔达诺当时满脑子都是帕萨雷拉对我吸毒的指责，他向我要一个说法，并且非常严厉地批评我，说我不能这样说，等等，我硬生生地打断了他，对他说："别说了，豪尔赫，去你的。你到底是站在哪一边的？你是相信帕萨雷拉的话还是相信我的话？"

他回答说："那好吧，现在你说说看。"

这时候我已经稍微平静了一些，我说道："先别急，我们先另找一个地方开个小会。"

于是我们去了餐厅，因为美洲训练基地里也没有其他地方能让我们聚在一起说话了。在这个会上，帕萨雷拉在场的情况下，我把所知道的关于他的一切都说了出来，然后又是一阵完全的沉默。这次他没有反应了。他还能有什么反应？当时他就像一块木头似的杵在那儿。他不知道我能弄到拨打国际长途的明细，这些电话费由我们所有人公摊，但是明细上的电话都是他打的。

"大家看一下，现在我们有两千比索的电话费要付，这项费用公摊，因为没有人主动要求付费，但是这些电话都是谁打的呢？"

没人站出来，没人回答，有些人看着地面不出声。空气静得连苍蝇飞过都能听见。帕萨雷拉并不知道在三十年前的1986年，墨西哥的电话明细上什么信息都有，电话号码的每一位机主都在上面。所有的电话都是他打的，浑蛋！他一个能挣两百万美元的家伙，为了两千比索的电话费都能装聋作哑！

于是现场一下子炸开了锅。我有能力付这个钱，如果我愿意的话我一个人都能付掉，帕萨雷拉也有这个能力，但是现在却让我们所有人集资来帮他付电话费。他以为我们一直都会被蒙在鼓里，所以现在他哑口无言。"帕萨雷拉，你看清楚，这里所有的电话都是你打的。我没给那不勒斯打一通电话，巴尔达诺也没给马德里打电话，其他人都没有打。所有的电话都是你打的。"

这时候所有人都站到了我的身后。我们所面对的是一个怪物，他拿着两百多万的薪水，但是却想让其他人帮他付电话费。没用的、不要脸的怪物！因此马拉多纳派和帕萨雷拉派的支持人数在那一刻变成了21∶1。"博查"还在跟他说话，那是因为他本身就有点疯疯癫癫的。其他人都站在我身边。布朗也站在我这边，你想象一下，他之前跟队伍里的任何人都搭不上关系，这次却也站在了我这边。还有伊斯拉斯、蓬皮多，甚至连泽拉达都不理会帕萨雷拉了。想揍他的人几乎可以排成一条长队。

最后巴尔达诺忍不住跳出来对着帕萨雷拉吼道："你就是一个人渣！"

这算是一次彻底的决裂。后来帕萨雷拉得了腹泻，我们说那是蒙特祖玛式的灾难，但事实上我们大家都拉肚子，不过我确实给了他狠狠的一击。这就是当时的真相。从那时候开始，所有队员都发现帕萨雷拉并不想好好比赛。

我们几个支持比拉尔多的人一起去看望过他，还陪他一起打了牌，就为了让他感觉好点儿，那时候大家其实都不太舒服。我问帕斯库利："你拉肚子吗，佩德罗？"他回答说："我整个人都拉得晕乎乎的。"基本上大家都身体不适，但是只有帕萨雷拉利用了这一点，叫人帮他挂生理盐水，连续挂了两天的点滴，然后就在与韩国队进行我们的世界杯首秀之前，他竟然退出了！

我的天哪！

我们想去更衣室找他理论，当时大家气得想把他暴揍一顿。他这样做就像是一个叛徒：除了想让全队人帮他支付他的私人电话费之外，竟然还干脆不想跟球员们并肩作战！这些人可是去诊所探望过他的人啊！现在竟然在最后的热身阶段，他退出了？

不可能吧！

之后，他竟然直接去阿卡普尔科晒日光浴去了。不知是哪个浑蛋把一张帕萨雷拉和女人一起度假的照片放在比拉尔多给我们讲解同英格兰作战战术的黑板前面。在我们经历的事情之中，这倒不算什么。

如果今天丹尼尔有机会再来对当时的伙伴们逐个询问，我们仍然会告诉他相同的答案：他错了。我们还会告诉他，在那个时候，已经不存在所谓的梅诺蒂派或者比拉尔多派了，或者说两派人已经握手言和，团结在一起，因为在这件事上已经不存在争执了，我们这些维护梅诺蒂的人，一样也会维护比拉尔多。原因很简单，比拉尔多会对我说什么？他是说“从左路进攻”还是“从右路进攻”？又或者说“从左边路进攻”，再不然会说“你想打哪儿就哪儿吧”？换成“瘦子”，他会说同样的话。

这是当时真实的情况，也是我真实的想法，我知道那时候，梅诺蒂在我的公开讲话中已经不会再扮演多么重要的角色了。

多年后我的想法一如当初。帕萨雷拉从来没有肯定过我是唯一的固定首发队员，是球队队长，而且他还开始给我施加压力。在1985年《阿根廷体育画报》的一次采访当中，他公开说：“我才是一号球员，但是我不在国家队效力。”

那段时间我已经厌倦了众口难调，厌倦了其他人对我的嫉妒之心，也厌倦了所有的蠢话和蠢事，我只知道穿着钉鞋出场比赛。我在那不勒斯举办了一场新闻发布会，说出我心中所有的真实想法。我以队长的身份发表讲话，虽然当时我并没有得到队里球员百分百的支持，但是我还是这样做了，事前我既没跟比拉尔多商量过，也没跟帕萨雷拉通过气。在队长的这个问题上，我被他们俩夹在中间。对于比拉尔多来说，很明显，唯一的一号球员是马拉多纳。我觉得比拉尔多在这件事情上一开始就非常明确，但是他并不知道丹尼尔是怎么想的。我认为身为朋友，而且无论球场内外我都认为我是他的朋友，我唯一能告诉比拉尔多的是要去尊重传统。丹尼尔很清楚，从一开始征召我们去国家队的时候，比拉尔多就对我们许下了一些承诺，但是之后他到底有没有履行诺言，丹尼尔并不知晓，这就是比拉尔多和帕萨雷拉之间的问题，他们俩应该在队长这件事情上达成一致。

后来发生了一些非常奇怪的事情，一直萦绕在我的脑子里，那都是从我看到的报道和妈妈从布宜诺斯艾利斯打给我的电话里知道的。

帕萨雷拉想当队长，我们这些在他身边的人，看过他为了国家队蓝白条衫如何像一头雄狮一样斗争的人都知道，他是一个天生的好胜者。但是我不明白："为什么他要以退出国家队这样的话来威胁我们、让我们受罪呢？没有人愿意看到他退出，包括比拉尔多。"

每一个教练都有自己的球员。在梅诺蒂时代，如果谁在场上碰了帕萨雷拉，整个国家队都要掀起一阵愤怒的狂潮，因为我们所有人都知道他是队长，是球队里最受宠的那个人，就像之前的豪斯曼一样，没人会有什么异议。我曾经跟梅诺蒂递过一次辞呈，要退出国家队，因为那时候我认为他应该平等地对待所有人，但是最后我还是回归了，因为我也不想因为帕萨雷拉的行为而批评他，毕竟他是个伟大的球员，我不愿意到处跟别人谈论他应该说什么，不应该说什么。我作为队长唯一能要求他的是希望他以球员的身份把这件事情尽量处理好。在训练基地的时候，他知道我是一号球员，因为我那时确实是领军人物，无论是场上还是场下。我们需要他，所有的阿根廷人都需要他。这是我唯一在意的事情。但是队长仍然是我。

我请帕萨雷拉自己做决定，而不是让别人代他做决定。我非常了解他，因此我觉得他会说出退出国家队这种话真是非常奇怪，但是背后的原因到底是什么我也不知道。如果我知道原因，我早就说出来了，因为我不喜欢躲躲藏藏，我喜欢光明正大的感觉。

我不想知道也并不知道比拉尔多做的决定是否源于他的任性，但是我们一直以来都尊重教练的决定。我自问："为什么必须发生改变呢？丹尼尔只要是二十二人名单中的一员，只要知道他是国家队的一员就行了，并不需要比拉尔多说上一句：你是队长，是一号球员。他永远都是灵魂人物。"我只知道比拉尔多在那段时期还是说了以下的话:“队长人选问题根本不存在。这支队伍是我从零开始一点点组建起来的,我没有察觉到会发生这种事情。从预选赛的时候我的想法就是队长必须是马拉多纳,因为他是阿根廷最具国际水准的球员。我不明白为什么帕萨雷拉会在这种事情上生气。”

帕萨雷拉则非常狡猾,他在这之后说了一番话,但是并没有让局面得到好转。他说:“比拉尔多对我说,在他看来,马拉多纳是队长。我回答他说,因为他是教练,所以我尊重他的决定,他在这件事情上拥有最后的话语权。”

我当时非常清楚,我们应该更加团结,而不是互相拆台。帕萨雷拉让我们的处境更加困难了,我不准备让他这样做。我们不能再继续分成梅诺蒂派和比拉尔多派了,这简直就是在自相残杀。我当时作为队长是有话语权的,对吧?之前我被排除在1978年的世界杯名单之外,到现在我都坚持说我应该入选,我不说名字,但是我知道哪个人不应该入选,有三个候选人;1982年,我把梅诺蒂在1979年国青赛上许给我的队长之位让给了帕萨雷拉,“瘦子”当年有这个权力,我一生都感谢他对我的认可,我在今后的日子还是会对他为我做的一切抱有感恩之心。

身处问题的旋涡中心,我还跟帕萨雷拉在球场上作为对手相遇了:1985年10月13日,在意大利佛罗伦萨,那不勒斯队客场迎战佛罗伦萨队。意大利的媒体记者一整个星期都围着我们转,唯恐天下不乱。“Daniel, ricorda che adesso sono tu capitano”,我到现在都记得意大利《米兰体育报》的意大利语标题,意思是“丹尼尔,记住现在你才是队长”。多么强烈的字眼!

事实上记者们问过我是否和帕萨雷拉谈过这件事。“没有谈过,我们都是伟大的球员,应该理解这件事。没有谈话的必要。丹尼尔是一个聪明人,而且并没有任何规定说一个人要当一辈子队长。”我是这样回答记者的。这算是我的诡辩,但是帕萨雷拉却打算逃避这个问题,他说："我现在不想谈论这个问题，因为我已经不是国家队队员了。"

最后这场比赛我们以0：0打平，我跟帕萨雷拉握了手，当时我对媒体公开说出了我内心真实的想法：对我来说，帕萨雷拉是国家队毫无异议的一号球员。这就够了，还想让我怎么说？但是事情还没结束。

对于帕萨雷拉，说真的，我一直非常敬佩作为球员的他。但是当我被选为国家队队长而他根本没有走近我向我表示祝贺的时候，我在第一时间感到了疑惑。"也许他是有点激动。"我当时这样想。但事实是从那时候就开始有了裂痕。

把事情说出来是好事，因为之后我和巴尔达诺聊了很多次，他后来跟我很亲近，但是我们避而不谈帕萨雷拉，因为还没发生后面的一系列糟糕的事情来开启他的心门。直到我们在墨西哥训练基地的时候，我们才能在一起谈论帕萨雷拉。

墨西哥大檐帽

当《阿根廷体育画报》想要拍那张我们戴着墨西哥大檐帽的著名照片作为杂志封面的时候，我已经找到了当队长的真正感觉，而帕萨雷拉则面如死灰。因此，我无论如何都问了他那一句："你怎么没来祝贺我？既然如此，我现在给你看看队长的标志，你看，队长袖标就在我左臂上。"对我来说，队长的身份就是我这辈子的目标，因为那是我一直以来不断奋斗的原因，是可以领导一支队伍的身份，这个身份让我有资格跟教练表达意见。从第一天开始，这个领袖的身份就已经确定了，但是这件事确实还有一些有争议，我也不去否定这些争议，因为如果我对帕萨雷拉一直非常关注的话，他怎么会对我不关注呢？更何况当时他已经三十三岁了，而我只有二十五岁！我怎么会不尊重他呢？但是如果我尊重你，那么你也应该尊重我才对。尊重是相互的。而事实是要他尊重我真是要了他的老命了。

我俩互相较劲的事在拍照的时候就发生了。我询问工作人员帕萨雷拉对于杂志邀请我这件事有何反应，我也知道他一定询问了我的情况。就这样，我们俩都掉进了娱乐八卦的陷阱。

拍照的时候，工作人员刚把大檐帽拿来，我就第一个上前选帽子。我选了一顶带有芥末黄宽边装饰的帽子，因为看上去很像博卡青年队队服上的黄色条纹。我给他挑了一顶镶边的帽子，跟他说："这看上去像河床队的，戴上吧。"我当时是想让气氛轻松起来，但是看得出来他紧绷着，所有人都看得出来。他不喜欢别人把我放到跟他一样的位置上。我再给大家解释一次，看你们能不能理解：所有的记者都在问为什么比拉尔多没有向帕萨雷拉许诺让他当队长，就像跟我承诺的一样。如果你们回头找一找资料，就一定能找到相关的内容。当时，帕萨雷拉是一个举足轻重的人物，而媒体对我却是戴着有色眼镜看人。

后来我们拍了照，自始至终能让我们大家都开心的人还是埃切瓦里亚教练。他当时也来看我们拍照了，并带来了不可思议的事情。他的笑声感染了在场的每一个人。帕萨雷拉说他笑的时候不想把嘴张得太大，因为不想露出他下排不太整齐的牙齿。这个人真是太虚假了，跟一眼能识破的假钞一样。我当时觉得自己掌控了全场，也正因为如此，我觉得帕萨雷拉不想继续待在那儿看照片效果。他借口说六点钟有训练，不想迟到，于是先离开了。其实离训练的时间还早，我们完全可以待在那儿，所以我就留了下来。

我认为自己是神的传闻是从哪儿来的？

就是从那时候开始，我对外宣称我想成为1986年墨西哥世界杯上最好的球员，我还说我已经做好了充分的准备来达成这个目标。但是随即我又澄清："当然达成这个目标的前提是阿根廷队国家队能一直在世界杯上扮演重要角色。"我这样说是因为事情总是环环相扣的，伟大的球员背后总是要有伟大的球队做后盾。

一位记者之前报道说我自认为是足球之神。有时候我确实要面对这种令人无法忍受的事情。这种无稽之谈是从哪儿传出来的？球场上没有皇帝，更没有上帝。我们这届国家队唯一想做的就是要捍卫阿根廷足球的荣誉。欧洲人对我们说我们会踢进世界杯五强，但是在阿根廷国内，很多人都说我们第一轮就要被淘汰回国。这种说法让我们队员很痛心，因为我们需要祖国人民的支持。

如果我们身后一直有人民的支持，这一路我们会轻松很多，但是事实并不是这样，因此我们的队伍用另一种方式让自己一点点强大起来。比如球员们自己开的那些会。我们利用每分每秒聚在一起讨论问题，解决问题。而那次在哥伦比亚举行的第一次会议，也是时间最长的一次会议，其结果令人非常满意。

那都是很久以前的事情了，现在看起来可能都觉得可笑。当年我们已经在欧洲踢球的人，已经知道每天早上都要去打一针来保护自己的肝脏，但是在阿根廷国内踢球的人并不知道这个习惯。有时候一些不理解的人就像十足的蠢货一样问道："这有什么用？"然后你就要跟他解释。整支队伍经常围绕一些原本合理的事情争论不休，但是这就是我们的队伍。我并不是要强调我们为了打不打针而争论，我想说的是在这类事情上最后我们团结一致了，这才是真正重要的事情。

对我来说最重要的事只有一件，那就是为了同一个梦想而奋斗。在那个时候，那种情况下，有人觉得我做这些事情都是出于无意识的，其实并非如此。我所有的决定都是深思熟虑的结果，我希望球队能认真对待比赛，因为接下来的战斗会变得非常凶猛残酷。我们正在组成一支真正的队伍，一支冠军队伍。

正因为如此，我认真倾听每一个来找我谈话的人，有些人甚至对我谈了他们所希望的队长应该是什么样。巴尔达诺就是其中之一。而他不知道的是，我从小洋葱头队开始就一直为成为国家队队长做准备了。

很多人都认为我不是队长的最佳人选，因为在场上我总是成为对方的目标，然后被对方各种盯防。但是我从来没有对场上的粗野动作做过什么回应！人们对我的印象还停留在1982年的西班牙世界杯上，好像我对巴西人巴蒂斯塔的裆部踢了一脚，但那不是真正的我！已经过去四年了！难道我从中没有学到任何东西吗？我已经是那不勒斯队的队长，也是阿根廷国家队的队长。我已经不是那种被踢了一脚就头脑发热的蠢蛋了。他们可以攻击我，但是我不会反击，我已经学会了直接告诉裁判。

你们知道吗？我并没有把队长的身份当成负担，一份沉重的责任，相反，队长的袖标给了我莫大的力量，它并没有压垮我。这个感受我在意大利对“大头”斯沃里说过，我也在帕萨雷拉身上见到了相同的效果。但是我相信自己，也知道到底怎样才是当队长的正确方式，比如畅所欲言就是个好方法。当队长意味着我不会去囚禁别人，管束别人，如果有什么想说的，我喜欢直接放到台面上来说，这是我做人的原则。因此我希望整支队伍都能做到这样，比如那些开过的会就很好。要没有任何保留，要畅所欲言。

距离最后的比赛只有一个月不到的时候，我们还差一些训练才能达到最佳状态。所有人都很清楚大家共同的目标是什么。但是我们同样很清楚这一路是如何走来的。这一路我们披荆斩棘，实在太不容易了。

第三章

狠狠盯防马拉多纳

阿根廷 3：韩国 1

6 月 2 日，周一，墨西哥城

5月5日，当我们飞抵墨西哥时，当地的报纸标题为“世界杯正式开始”。我们得到了英雄般的待遇！当时所有的媒体都来了，我们走到哪儿摄像机就跟到哪儿。当然了，这是因为我们是第一支到达的队伍，那时距离世界杯的第一场比赛还有将近一个月的时间。但是对于我来说，世界杯在很早之前就已经开始了。

从3月开始，不管那不勒斯队到哪里比赛，我每周一都要飞到罗马，前往意大利奥委会医疗中心（CONI）。费尔南多·西尼奥里尼，一个无论是做教练还是做人都非常厉害的人，他查到了意大利自行车运动员弗朗西斯科·莫塞尔于1984年战胜墨西哥高原反应并创造新纪录的资料。首先在1月的时候，他把我带去米兰见了一些人，他向那些人提了太多问题，以至于我不得不跟他说：“‘瞎子’，你别再问了，这些人会以为你对什么都一无所知。”但也就是米兰的那群人告诉了我们战胜高原反应的关键人物是达尔蒙特教授——安东尼奥·达尔蒙特。一个伟大的人物。教授负责意大利体育界所有跟科技有关的事务，而且跟意大利国家队教练贝亚尔佐特很熟悉。我们还得知当莫塞尔在墨西哥破纪录的时候，恩佐·贝亚尔佐特就一直跟达尔蒙特教授在一起。但是我当时并不想让意大利队的教授来对我进行训练。

“希望你们出丑，意大利队在第一轮就要回老家。”我向他挑衅说。

“对我来说，能够训练你是一件非常重要的事情。”他对我说。

之后他还说了下面这些好话来收买我。

“我们什么时候开始？”我问他。

“下个周五。”

“离世界杯开幕只剩三个礼拜了，来得及吗？”

“你肯定会以满分的状态结束训练。”

体能训练计划让我充满激情。我们首先从体能测试开始，然后接下来就是针对性训练，最后以达尔蒙特对我说的“满分”状态结束了训练。我当时说“好吧，我们继续努力”。事实上我真的达到了满分的状态。在这个中心做的训练是世界上独一无二的。经过训练，我变得非常强壮。如果你看到我那段时期的照片，会觉得我看上去像是拳击运动员，手臂的肌肉、胸肌，好看极了。我飞起来了！我当时像一颗飞在空中的子弹，充满力量！那是我们的世界杯，或是普拉蒂尼的世界杯。我当时觉得在这届墨西哥世界杯上如果我身体状态好，那么我们就能取得很好的成绩，其他的状态倒是其次。在没有海拔高度的地方比赛，还有一些人能盯防我，但是在墨西哥，对这些人来说可就不是件容易事了。总之，对于我来说，在高海拔地区比赛已经成为了我的优势。

那段时间，赛特尔斯普利勒走了，我就带着吉列尔莫·科波拉帮我整理东西。但是关于这方面的事情，我这次不想再说了，我在上次的书里已经讲过了。旧事重提有什么意义？了解事情原委的人都清楚到底发生了什么。你们要知道，最让我感到快乐的永远是球场，永远是足球。我不想对任何人进行报复。现在，感谢我已经在天上的父母亲，我失去了很多，但是上帝让我后来得到了更多，对于过往，我只是心存感激。所以对于老天爷我也不能再提出更多要求了，也正因为如此，现在我对于过去的一些事也不想再多说什么了。

那时候仍然在我身边陪伴我的还有费尔南多·西尼奥里尼，也就是“瞎子”，他跟我一起来到了墨西哥，同行的还有萨尔瓦托雷·卡尔曼多，他是那不勒斯队的按摩师，也是个了不起的人。这两个人负责我的身体状况，并不对国家队里的其他队员负责，也不会掺和队伍的任何事务。他们两人的首要任务是让我的身体保持良好状态，我在这里不想说更多的细节。克劳迪娅没有来陪我，我家里其他人也没有，只有我的老父亲唐迭戈和我的岳父科科到墨西哥来了，这两位之后成了我们队的官方烧烤大厨。跟我有关的人一共就来了这么几个。

我的老父亲和我的岳父：官方烧烤大厨

当我们进入美洲训练基地的时候，我不敢相信眼前的事实。那里简直是一家妓院！唯一的区别就是少了妓女而已。为什么这么说呢？因为除了训练基地工作人员和群众对我们的热情接待是好事，其他都是坏事：我们到达训练基地，灯泡还得自己动手装，因为房间都还没有完全装修好。这是真的。帕查梅站在我面前，看起来就像是一个资深建筑工人。所有的房间都小得可怜，还是砖墙，都没有用石灰粉刷过，整个房间里只有头顶的一只灯泡和两张简易的单人床。仅此而已。我们还不能整支队伍都进驻，因为他们只做好了接待十六人队伍的准备，而我们光是队员就有二十二人，再加上教练组和技术人员就更多了。因此最后不得不用苇帘搭了一个简易的房间，中间有一个大纸箱子。巴尔达诺和特罗比亚尼走到纸箱子那儿，将它命名为“小岛”，因为它看起来孤零零的。塔塔也在那儿，他不得不戏弄“恺撒”一番，最后赢得了那个位置。“大头”和阿尔米龙也一样围绕着那个“小岛”打闹。给我们的房间是有号码的：14号、15号、16号和17号，没有13号。大家都猜测训练营种种糟糕的情形反而是比拉尔多乐意见到的，因为他就喜欢让球员吃苦。对于这种艰苦的环境，我可以接受，其他球员也可以接受。但是请别再胡闹了！在世界杯开始之前，他带着十四个青年球员去了蒂尔卡拉训练，这有什么必要？是为了证明什么？直到现在还在说当时在蒂尔卡拉他和队员们许下了一个承诺。但是直到今天这个承诺也没有兑现，因为后来再也没有得过世界杯冠军。但是请注意，赢得冠军才是唯一重要的事情！

大家别搞错了，我在多年以后，回头再看这些事情，我觉得比拉尔多这样做是因为想要阻止可能发生的“混蛋”事件，因为在球场上我们就是一场灾难，一定会发生什么不好的事情。所谓“真正的比赛”我们一场也没有踢过。真的，当时我们就是世界杯最丑陋球队的候选。

因此我现在想说：不要把球队最后取得的成绩归功于教练的战术，更多地应归功于球员。不要再谈论比拉尔多的战术了，应该把重点放在整支球员队伍上。三十年过去了，我觉得这样的说法更加合理公平。

我们比其他队伍先到达世界杯基地，也比他们经历更多。当时我和佩德罗·帕斯库利同住一间房，房间号码是6号，但是今天让我重新选择的话，我会选10号。房间都是一样的，两张单人床，没有粉刷的砖墙。一开始墙面剥落了，但后来我和佩德罗往墙上贴照片，什么照片都贴，从卢汉圣母像到瓦莱里娅·林奇的照片，要什么有什么。

其他房间的组合是这样的：克劳森和布鲁一间，他们在独立队的时候就认识了；内里和巴斯克一间；“博查”和“美国佬”一间，这两个人都是红队的；“比奇”，一个不折不扣的混蛋，他和来自科尔多瓦的大个子库奇乌夫一间，不管库奇乌夫后面经历的事情有多疯狂，我都记得当时他非常享受那届墨西哥世界杯，像个孩子一样。“魔法师”加雷和门将泽拉达一间，泽拉达因为在墨西哥踢球，所以对他来说就像是主场比赛一样。“中国人”塔皮亚和“黑子”恩里克一间。“疯子”伊斯拉斯和巴蒂斯塔一间，伊斯拉斯是个十足的浑人，性格非常刚烈。

负责所有管理事务的鲁本·莫斯凯拉和莫利纳一间房间。莫利纳也是理疗师之一。另外一个理疗师就是我带去的卡尔曼多。萨尔瓦托雷被分在了一间令人难以置信的房间，因为他要和比拉尔多的助手罗贝尔托·马里亚尼、“瞎子”西尼奥里尼以及被称作“疯子加林德斯”的迪·洛伦佐共用一间房间。天哪！你能想象那间房间有多拥挤吗？我当时就说：“他们睡觉挤成这样，一定连做梦都是同样的内容。”

身为理疗师和总务主管的“加林德斯”也是队伍里负责搞笑的人物，他每天都累得半死。我们经常看到他晚上在房间里，斜斜地躺在自己的床上，完全累瘫了。有一天，我们把他床脚的螺丝都卸了下来，然后就等着他往床上一躺的那一刻。当晚我们所有人都挤在一扇小窗户边上，那儿能看到房间里的动静。果然没让我们失望：“加林德斯”往床上一躺，就听见嘭的一声，整张床板掉到了地上。当他发现我们都躲在窗户那儿偷看的时候，恨不得杀了我们。我们的恶作剧还不止这一件，大家还会面对面互相调侃，毫不留情，就跟小孩儿似的打打闹闹。这是因为除了训练，我们没有任何事情可做。那时候还没有手机，而且再想想整个训练基地唯一的电话一直被帕萨雷拉占用了，因此日子真是无聊之极。

此外，我们还想看到墨西哥当地的体育刊物，我们甚至希望能看到《阿根廷体育画报》。电脑？想也别想！当时根本没有这种东西。每天第一个起床的总是特罗比亚尼，他是不折不扣的足球爱好者，每天早上七点半的时候，他就已经满操场转悠了。我呢，喜欢每天去总务间喝点马黛茶，跟我一同去的还有蒂托·本罗斯和“疯子加林德斯”。在总务间里能感受到足球的呼吸。队员们像动物一样努力训练，每天比平常人早四个小时开始，迟四个小时结束。

健康饮食？卡尔曼多的意大利面和我老爸的烤肉

我之前提到很多次，我是很反对训练基地这种事情的。但是墨西哥训练基地并没有让我觉得非常厌恶，因为我们做了很多球员一直以来都想做的事情。我们提前结束了在哥伦比亚的行程，也是因为我们这些球员想要回到墨西哥，去感受真正的高原气候。除了房间的小问题，我很享受训练基地的场地。整个场地很大，面积大概有四公顷，周围都是树林。训练基地距离市中心很远，有四十分钟的车程，但是离阿兹特克体育场很近，五分钟就到了。这倒是非常方便。对于整体环境，我们都在逐渐适应，最终训练基地让我们有了家的感觉。“左撇子”洛佩兹是可以自由进出训练基地的人，他曾经是我在阿根廷青年人队的教练，那时候他管理整个训练基地。他真是一个伟大的人，随时准备解决任何可能发生的问题。

比拉尔多也时不时地组织一些比赛让我们参加，比如跟当地俱乐部或者青年队的比赛。这是很危险的事情，因为那里的球员在场上对我们用尽了所有的招数。但是我们还是喜欢训练，我们享受奔跑，希望能尽早适应这该死的高原气候。我们希望通过这些训练为自己赢得更多的氧气。高原反应让我们的肺都要炸了，但是我们希望继续训练下去，这样一来，即使之后需要在下午两点进行比赛我们也能从容应对。我走近“切乔”，然后听见他对我说：

“我不行了，我不行了……”

“我也不行了，但是加油，再坚持坚持。”

我们就手挽着手，互相推搡着继续练习。

“停下来，马拉多纳，停下来。”他对我说。

但是我回答道：

“加油，加油，加油！‘切乔’，我们可以的！加油！”

我有着非常可怕的获胜欲望。但是比拉尔多不想让我们训练，他要求我们停下来。有时候我们自己会在中午组织一些小型比赛，然后在下午进行一些轻松的训练。但是比拉尔多唯一想要我们做的事情是休息。我一点也不想休息。这就是我和他之间最大的区别之一。

一天，我抓住蒂托·本罗斯，对他说：

“给我一个球，我们一起去玩玩。”

“迭戈，我不能这样做，比拉尔多会杀了我的。”

“你赶紧给我一个足球，别瞎搞了，当心我先把你杀了。”

我并没有杀了蒂托，他是个好人，但是比拉尔多确实让他不太好过。蒂托后来拿了球给我，不一会儿就有好几个人响应，也包括他自己，我们在训练基地的深处玩了一会儿球，就在球场的背后。

我跟埃切瓦里亚教练说了很多次：

“教练，我发现博查动作很慢，还有阿尔米龙，还有某某也是，我也很慢。我们房间后面还有个球场，你别跟卡洛斯说，拿上几个标志筒然后我们去那边练练。先练个曲折跑，然后小跑一段，再练个曲折跑，然后十个单趟，两个折返跑，十个单趟，再两个折返跑，这就行了。”

“我就说我怎么这么喜欢你，迭戈。好，我们这就去，我希望你们进行训练，但是卡洛斯不是这么想的。”教练这样说。

应该给埃切瓦里亚教练立一座碑，一座丰碑。他是个天才。除此之外，只有他能忍受得了比拉尔多。后来教练走到我床边对我小声问道："今天你去训练吗？你的脚踝疼不疼？"

"有一点疼。"我回答。

于是他对我说："你放心，我先把马儿拉出去遛遛，然后你等会儿再上马，慢慢来。"

教练真是什么都懂。伟大的埃切瓦里亚教练。

马德罗——也就是爱德华多·马德罗，也到墨西哥来了，我到现在都不知道他到底为什么来。他给记者们提供了一份很长的食谱，上面有奶油豌豆浓汤、奶油坚果意大利饺子、土豆牛肉、奶油布丁、蒜蓉细意面、葡式鸡肉，还有什么碳水化合物，这个那个的。太任性了吧！

但是我唯一记得的健康食谱是奥利瓦医生制定的。医生无所不知，所以我百分百地信任他。我们还可以提出要吃这个或者那个，而厨师胡利托·奥涅瓦无所不能，全都能做出来。但是如果跟我提美食的话，我脑海中浮现的就是卡尔曼多装在大盘子里的意大利面，还有我父亲每周两次的烤肉大餐。

此外，还有"老爹餐厅"里面的美食，餐厅的老板是"大头"爱德华多·克雷马斯科，他餐厅的菜肴后来成了经典。"大头"曾经跟比拉尔多一起在大学生队效力，很久之前就在墨西哥扎下根来。一来，他成了给我们弄来烧烤材料的人，二来，他也是我们数不清的秘密行动的一分子，比如说，有很多次在比赛结束后，我们都会去他位于波兰科的餐厅，位于墨城一个非常好的区域。而每次在比赛开始之前，我们还会偷偷干件事，就是去佩里叙商业中心逛一圈儿。那是个非常大的购物中心，里面有四个大型商场：利物浦商场、铁宫商场、西尔斯商场和桑伯恩斯商场。队员们第一次去的商场是桑伯恩斯。我说的"队员们”并不包括我，那次我因为膝盖疼痛没有出门，我害怕会出事。因为即使一开始事情很顺利，但是随着世界杯的开赛，情况总是会变得越来越复杂。

不管有多少支持者，球员们还是需要娱乐一下，吃点尝起来像面粉团的香肠，在冰淇淋店里吃点冷饮，等等。我们甚至不介意把有商标的塑料泡沫帽子戴在头上，我不知道这样是不是在给商家做免费广告，但是至少能让我们感到开心。

还有公共小巴，我们几乎每天都乘坐，因为去哪里都很方便。我们甚至乘小巴去奥林匹克体育场，在那儿我们要进行世界杯的首秀。请注意，千万不要把这辆小巴想象得很豪华，更确切地说，它就是个小型公共汽车。我们当时的生活就是这样，充斥着无聊的小事。每次出了训练基地大门，我总是会大声说“一会儿见！”，就好像我想非常明白地告诉大家我一定会回来。然后每次埃切瓦里亚教练都站在走廊中间问：“所有人都到了吗？”他当然知道所有人都到了，真是废话。

最后一个上车的是帕查梅，他跟比拉尔多坐在第一排。然后坐在正中间的是塔皮亚、伊斯拉斯、泽拉达、阿尔米龙、“巴斯克人”，还有我。我们这群人一上车就开始唱歌，不停地打闹，有时候甚至连马里亚尼也加入进来。小巴前面总是有两辆摩托车，但不是每个人都能驾驶这两辆摩托车，因为只有赫苏斯和托比亚斯能骑摩托，他们俩是第一批就到训练基地的人，也就是在我们到达墨西哥、距离世界杯第一场比赛还有近一个月的时候他们就都已经到了。如果我们要坐小巴去奥林匹克体育场或者阿兹特克体育场的话，那路上花费的时间几乎要跟第一次去的时候一样久，因为一路上我们总要停一下，找个地方喝点东西，我们总是这么做。

到达体育场之后，和以往的首秀比赛一样，我们要接受鲁索·拉门佐尼和蒂蒂·费尔南德斯的采访。那次采访真是史无前例，因为那是第一次球员主动找记者要求被采访。

还有必须提到的就是音乐。好的音乐必须是有点浪漫色彩的，比如邦妮·泰勒的《心中的月蚀》，还有塞尔希奥·丹尼斯的《小巨人》，每次我一听就哭得像傻子一样；还有达尔蒙特的歌曲，总是给我带来力量，作用堪比真正的训练；还有最好的音乐，电影《洛基》的配乐等。听了这些音乐之后，你不仅会想生吞了对手，还能体会我们心中的狂躁、愤怒以及想要获胜的欲望。如果你没有这种感觉，那么你就不可能成为我们队伍中的一员。

夺冠大热门总是走不到最后

我们都知道在首秀比赛中唯一重要的就是获胜，最好大比分赢得比赛。在到达世界杯决赛赛场之前，我们已经受到了舆论严厉的批评，如果这次在第一场比赛中就输给了一个机器人队伍，那就是死路一条。当时，有一点我深信不疑：如果我们不是舆论认为的夺冠热门，那最好不过了，因为大热门总是走不到最后。

我到现在还认为当时很多阿根廷人都戴着有色眼镜看待国家队，他们不理解为什么会有那样的组合。实际上我们自己也不知道为什么。

直到与韩国队进行比赛的前两天，我们也不知道到底要怎么踢，是双阻截战术，还是双边路进攻，是库奇乌夫上场，还是克劳森上场，又或者是加雷？我们什么都不知道！再加上帕萨雷拉的事情还没有解决，他在这个节骨眼上真是让我们不好过。

再往前两天，比拉尔多组织了一支队伍，踢了一场四十五分钟的比赛，当时帕萨雷拉还在队伍当中，但是前面的种种不愉快已经发生过了。这支队伍名单是这样的：门将蓬皮多，后边卫克劳森，中卫是帕萨雷拉和鲁杰里，左边卫加雷，中场是朱斯蒂、巴蒂斯塔和我，前锋是巴尔达诺和帕斯库利。

谁能跟我解释一下这份名单与我们最后夺冠的名单有什么关系吗？有谁能解释吗？好吧，毕竟这是已经发生的事实。如果当时没有让一开始还不是国家队一员的“巴斯克人”奥拉蒂克耶切亚上场参加对抗英格兰队的比赛，我们到现在还在围绕这个问题争论不休呢。请允许我对比拉尔多的战术说出我的不满，因为他当时都没有注意到对方的“黑子”巴恩斯在入场之后，先后两次在同一侧越过我们的防线，但是比拉尔多什么对策都没有。为什么没有人说是教练失误了呢？我现在站在教练的角度看，当时我们的队伍并不完善，还缺少很多东西。

我现在说这些话完全是因为到目前为止我还能听到舆论说1986年世界杯最大的功臣是比拉尔多。去他的！ 1986年世界杯最大的功臣应该是我们这些球员，是整支队伍，因为我们到最后都站在比拉尔多身后支持他。但是比拉尔多最喜欢做的事却是让球员受罪。因为这种想法，他只能在历史里停滞不前。

在那段日子中同样停滞不前的还有帕萨雷拉。

当时，我们必须等到比赛当天才能参加正式训练。那天上午十点我们才从训练基地出发，因为奥林匹克运动场离得很近。但是就在出发前十分钟，我们的前国家队队长，伟大的“恺撒大帝”，却宣布说他将不会上场比赛。

于是比拉尔多对布朗说：“那你上场。”布朗当时连俱乐部都没有，他只是西班牙人体育俱乐部的备选球员。

我记得这个决定当时就起了波澜，所有人都觉得糟糕极了，因为大家心里都清楚没有帕萨雷拉意味着什么，也没人能想象塔塔能起到什么作用。没有人相信这个人的能力，但是我和我的同伴们却对他百分百地信任，因为我们知道这个人为了国家队蓝白条队服甚至愿意献出自己的生命。比拉尔多很看重布朗，但是布朗却对比拉尔多派和梅诺蒂派之间的争斗一点兴趣也没有。这个人非常谦虚，在之前我们在哥伦比亚的糟糕旅程之中，有一天他站在一家免税店前面，盯着一块劳力士手表，呆呆地看着，就像一个孩子。

“买下来吧。”我对他说。

“我买不起，迭戈。”他这样回答我。

后来当我们到达训练基地的时候，我去他房间找他，把那块手表送给了他。我当时的直觉告诉我这个人会在关键时候帮我们一把，助我们夺得世界杯冠军。

但在夺冠之前我们还有很多比赛要打，尤其重要的就是第一场，是首秀。你能想象如果我们踢不赢韩国队，舆论会怎么说我们吗？我们连韩国队员的名字都搞不清楚，大概只知道“朴”“车”“钟”这几个姓氏，更别说认人脸了。比拉尔多知道得比我们还少。他确实给我们看了很多韩国队比赛的录像，但是我们根本分不清谁是谁。他们都长得一个样！

还有一件事超出了我们的意料，那就是韩国人跟我们踢球时对我们下脚那么凶狠，就跟舆论对于我们的批评一样凶狠，甚至还要更狠。还有一点我们很清楚：如果想要赢得那场比赛，比起比拉尔多做的种种调整来说，球的高度更加重要。因为韩国人个子很矮！最简单的赢球方法就是从上空给予打击。当然了，我们必须先战胜高原反应，因为虽然韩国队员个子小，但是身体素质却很好，要想赢球，我们必须跑得更快。所以针对这一点，我们也做好了充分的准备。

6月2日，比赛当天，当我们刚刚到达奥林匹克运动场的时候，我们才发觉站在我们对立面的除了韩国人，还有一些墨西哥人。并不是所有墨西哥人都是我们的敌人，但的确有一些。这很正常，因为观众总是倾向于给弱队加油打气。我相信当地观众这样做并不是出于“反阿根廷”或者其他原因，只是因为他们觉得我们会给韩国队猛灌四个球，让对方输得一败涂地。但是这样的观众让我很不爽，因为在之后的决赛赛场上他们也选择了站在西德队那边。当然，决赛是很久以后的事情了。当时有三千多名阿根廷球迷在现场，声嘶力竭地为我们加油，韩国球迷就那么几个，但是全场观众一共有五万人呢！即便如此，我们这支队伍，面对几乎所有人都在为对手加油的场面，仍然充满信心。到了这个地步，我们已经习惯了，它只会给我们带来更多的力量。

世界杯上的第一粒进球

我永远也不会忘记这场比赛的首发阵容，他们迈出了通往冠军之路的第一步：蓬皮多、克劳森、布朗、鲁杰里、加雷、朱斯蒂、巴蒂斯塔、布鲁查加、马拉多纳、帕斯库利和巴尔达诺。

开场刚刚三十秒钟，才三十秒而已，韩国人就对我使出了第一脚。对方叫金，我也不太记得了，他从后方狠狠铲倒了我。裁判是加利西亚人桑切斯·阿米尼奥，他根本没有理会这次犯规。这就是他们所谓的公平竞赛。当时国际足联的主席是前水球运动员若昂·阿维兰热，他一整个星期都在重复一句话：“灵活吹哨，严惩暴力。”这种话印在报纸上真是漂亮，但是对于真正的赛场，可以说毫无用处。

我从地上爬起来，什么都没说，我拿球准备开任意球。这正是我们需要的，近距离的任意球，但是又不像在禁区内的任意球那么近，因为太近了不便于开高球以便争抢头球。之前第一个球就已经试过了，但是因为太近，我从右边踢过去，巴尔达诺控制不了。我们就这样一路试过来。是预定好的战术？是的，是我们球员自己制定的战术，不是别人制定的。如果连我们自己都不想好怎么踢，那真的是什么准备都没有了。

韩国队对我进行了十一次犯规，十一次啊！我不知道算多算少，反正都是非常暴力的犯规，非常暴力！

我这次第一次回看这场比赛，三十年过去了，看起来还是那么痛。有几张照片看起来都不像是足球赛场，简直是跆拳道比赛！其中一个韩国队员对我进行铲断的时候，他的鞋钉穿透了我的袜子和绷带！我当时是拿绷带当石膏用的，就缠在袜子的上方。每次他们都给我这样缠绷带，已经成了一个习惯。卡尔曼多除了给我做按摩之外，还负责给我缠绷带。这已经成了更衣室里的一个仪式，让我很有安全感。首先我调整好护板，然后开始穿袜子，把袜子一直提到膝盖那里，然后卡尔曼多就用他魔术般的双手开始给我缠绷带，一圈又一圈。我发誓最后绷带缠得就跟石膏一个样。

还有一件事，我在整个世界杯期间穿的钉鞋都是同一款，彪马国王款。我带了五双相同的钉鞋去墨西哥，这些鞋子逐渐和我的双脚融合为一体。每次在比赛的前一天晚上我都会试穿所有的钉鞋，但是最后总会选择同一双，因为那一双对我来说就像手套一样合适。鞋钉也是非常重要的，前低后高。我绝不会因此说我是穿增高鞋比赛，这是不同的，我还把这款鞋推荐给了好几个球员，他们都觉得很不错，因为这种鞋子非常灵活。当你突然减速的时候，后面的鞋钉抓地感很好，一下子就能让你停下来。

但是不管我的绷带缠得多好，钉鞋有多灵活，我受到的疯狂铲断一点也没少。

在那十一次犯规的其中一次，我们得到了一个任意球机会，也成就了我们在此次世界杯的第一粒进球。关于那次犯规有一张非常著名的照片，照片里的韩国球员对准我的左膝盖直接铲过来，然后我痛苦地大叫。当时我真的疼死了。当我回顾这次比赛的时候，我发现了一些事情。那个对我犯规的球员，好像姓朴，他在比赛第三分钟的时候就踢了我，然后我在第五分钟的时候才发出任意球，这说明我花了整整两分钟才恢复过来。那一脚真是凶狠。而那个愚蠢的裁判不仅没有给他亮黄牌，连句口头警告也没有！

我亲自发出了任意球，但是没有射进。我不知道当时射门不够精准是否因为我的腿还痛着，但是球确实撞在了横梁上，然后向我这个方向反弹回来，正好让我顶到了球。我在第一时间就传给了右边的巴尔达诺，跟之前我们打的第一个配合一样。豪尔赫及时跟上，把球射向球门的另一边。球从对方姓吴的门将的双腿当中滚进门去。帕斯库利也从中线跟上。进球了！我们所有人都在欢呼。这是我们在本届世界杯的第一个进球，太重要了。

公平竞赛在哪里？

韩国队的教练跟他的队员说我只是一个普通球员，不需要专门派人对我进行特别防范。事实上他是对的，我就是一个球员而已。他们也确实没有派专人对我进行防范，因为他派了整支队伍来对付我。他们一个接一个地前来攻击我，也不做其他事情了。对方很多人都回到了自己的半场开始防守，尤其是在0∶1失利的情况下。但是我们继续采取进攻的姿态，到比赛第十分钟的时候，我们又有了两次射门，射门球员分别是克劳森和布鲁。

当时我们脑中一直想着要保持良好的气氛，因此我把球传给了布鲁，他贡献了一脚精彩的射门，但是球弹在了立柱上。我们甚至都没有为这个球而感到惋惜，因为我们不想浪费力气在这种事情上。

比赛进行到接近第二十分钟的时候，姓金的球员又一次把我铲倒在地，几乎就在上一次他对我犯规收到黄牌的同一个地点。这一次的任意球，我踢得更加精准了。帕斯库利头球冒顶，我接到了球，然后传出的球直接被鲁杰里头球攻门，皮球冲破了吴防守的大门。对方对我的防守真是凶狠。这时候我们以2∶0领先。这正是我们想要的，我非常满意，因为在上半场才进行到一半的时候我们的表现已经超越了之前巡回赛的任何一场比赛。我们非常冷静，但是同时也受到了非常野蛮的攻击。对方甚至不管球在不在我脚下都对我进行攻击，我记得是对方的10号球员，就这么巧，他也是10号，就在皮球还离我们很远的时候他就把我放倒在地，然后再伸出手把我拉起来。我当时比较平和，可以接受所有形式的道歉。

一直到比赛第二十五分钟的时候，我们都踢得非常好。但是我们决定加速比赛的进程。我个人不太喜欢这个主意，但是也不错。当时天太热了，那又是第一场比赛，我们面对的是一个不太强大的对手，肯定赢不了我们。我当时的想法是，如果我再继续直接面对对方球员的踢法，我终将被抬出体育场。所以从第二十五分钟开始，我们完全掌握了球权，但是要想让对方吃点苦头也不是件易事，而且我们自己也不太好过。我记得内里上半场应该连皮球都没有碰到一下。比赛逐渐变得非常平静，甚至连阿根廷的球迷也只是在看台上做些人浪而已。顺便说一句，直到1986年世界杯我们才见识到人浪是怎么回事。

就在比赛正常进行时，克劳森突然从一侧将球传给我，当时的位置离我们球门更近，而不是在中场附近，这时候对方的17号上来从我后方给我了一脚，这一脚相当离奇，因为他踢中了我难以描述的一个部位，就在我膝盖的后面。我给我们的球员看了这个伤，大家都不敢相信。你知道这时候谁过来伸手把我拉了起来，然后拍拍我的背好像什么都没发生一样？正是该死的主裁判桑切斯·阿米尼奥。

踢我的人是对方的左边卫，他不一会儿又来攻击我，就在上半场即将结束的时候。这家伙一直在中场附近找我，绕着圈地想找到我。我看到他冲我过来，于是就用左脚把球反向往左边拨去，皮球从他两腿之间穿过，然后这个人应该是故意举起了手冲我过来，一脚踢中我的下颌。或者说那根本不是踢了一脚，而是给了我一记跆拳道，咔嚓一声，什么都断了。然后裁判过来给了他一张黄牌。那时候已经是上半场第四十四分钟的时候了！我当时只知道那个人是17号，名字我不清楚，但是我给他起了个名字叫“功夫大王”。还不止这些，那个受罚的人竟然还抱怨裁判给牌不公平。

后来我们知道，那个对我犯规的人叫许丁茂。有时候就是这么巧，多年之后我在2010年南非世界杯上又跟他碰上了，因为他那时是韩国队的主教练。这个蠢货竟然说他觉得没有什么可道歉的，因为如果他确实做了什么违规的动作，当时早就被驱逐出赛场了。他的原话是这样的：“我不是故意要攻击他的。如果我是故意犯规，那裁判应该会把我罚下场。但是那场比赛我连警告都没有收到。”他还说1986年世界杯是他们三十二年来第一次进入世界杯决赛阶段，因此多少有一点紧张。只有一点紧张吗？他们犯规高达二百二十次！

“对我来说，马拉多纳说了什么并不重要。事情已经过去二十多年，现在再谈起来并没有什么意义。”这也是许丁茂的原话。而我重新谈起这个话题是因为我觉得这是有意义的，是为了所有人着想。我当时这样说：“如果每次比赛前都有四个护旗手护送代表‘公平竞赛’的黄色旗帜入场，那么比赛就应该秉承这个原则来进行。我们要捍卫公平的原则，裁判们只要嘴上说说就行了，但是如果观众们想看到一场真正的球赛，就应该给他们奉献一场没有任何问题的球赛。”

南非世界杯上，梅西面对许丁茂带领的韩国队比我当时面对许丁茂和他的同伴们要轻松一些。

下半场比赛刚刚开始，我从右路突破，躲过了两名韩国队员的阻截，然后把球射向了球门，皮球越过了佩德罗，越过了守门员，这时巴尔达诺从另一边跟进，把球推入球门。3∶0。我们开始小心地保护自己的身体，以免受伤，因为照他们的踢法，终究会有人受伤的。

另一件需要我们特别关注的事情就是高原反应，因此正常比赛时我们都在小跑，没有大动作。在海拔两千六百米的高原上比赛感觉很不一样，但是我们仍然一直保持进攻的状态。当然我们也有失球的时候，所幸的是韩国人并不知道如何利用机会，要知道我们当时还让了他们好几个球。在整场比赛当中，韩国队都没有对我们造成真正的威胁，虽然最后在比赛临近结束的时候他们进了一球，但绝大部分的时间都是我们控球。可怜的蓬皮多！当时韩国队进球后他失落地狠狠踢了一脚，然后我对他喊道："加油内里！你做得很好，只差一点点就拿到球了。"

头球战术的效果很好，这也是我们之前就决定的战术，"只要有机会往中间发球，不要犹豫，一定会有人接应的"。我从左路突破，然后把球传给了中场的巴尔达诺。但也不是一直都这么顺利，韩国队也会从边路突破到我们的禁区，我们后方的球员阵容一直是那几个人，右边是"黑子"克劳森，左边是加雷。克劳森像公牛一样退回防守地带，样子非常强悍，但是高原反应对他一直都有影响，克服高原反应是整个世界杯期间最让他受罪的事情。我们的这些后卫球员让韩国队的边路战术毫无施展之地。

布鲁渐渐适应了下来，但是比拉尔多快把他逼疯了。这种情况很容易理解，因为如果教练一直在你耳边大喊大叫的话，你也疯了。"迭戈，你去跟比拉尔多说让他不要再吼我了。"布鲁向我请求说。于是我抓着比拉尔多说："放轻松，卡洛斯，放轻松。"比拉尔多回应说他会平静下来，至少他是用一个手势回应了我。第一场比赛对"切乔"来说也有点难以适应，因为海拔确实太高了，再加上比拉尔多也一直在对他吼叫，更让他觉得度秒如年。最后“切乔”下场，换上了“巴斯克人”，在后来的比赛中这样的换人也发生了很多次。另外一个被换下的是帕斯库利，换上的是塔皮亚。

让人耳目一新的是塔塔·布朗的表现，他的上场让人忘记了帕萨雷拉，他与“大头”鲁杰里组成了一个非常强势的组合。我再次声明，帕萨雷拉没有上场是因为他自己不想上。当然他有自己的优点，他的球技和在球场上的投入都让他有上场的资格，但是他自己做了决定，而且这个决定也让他不太好受，因为塔塔一上场就表现惊艳，在第一场比赛就赢得了自己的位置。以后没有人能轻易把他换下场了。

比赛结束的时候我与巴尔达诺不欢而散，我也不记得具体原因了，但在比赛后的好几天我们俩都没说话，一直到后来他来到我的房间，然后我们就和好了。当时有几个人都很难搞，以至于好几个人都说要走，要回布宜诺斯艾利斯。我记得的就有“黑子”恩里克，脾气大得要命；“疯子”伊斯拉斯，他不接受做替补球员；还有巴蒂斯塔，因为他开始意识到自己将成为第一个被替换掉的人。这些人都太难对付了。

好的球员应该受到保护

与我们同在一组的意大利队和保加利亚队之间的第一场比赛成绩并不理想，以1∶1战平。我发现他们比赛的时候脚步非常沉重，根本跑不动，于是我想到达尔蒙特教授会不会帮他们一把，幸好贝亚尔佐特根本不想去帮忙！意大利队里面有好几个人我都认识，我也差一点就跟他们交手，所以我与意大利队交手的欲望非常强烈。

法国队在“冷面”普拉蒂尼的带领下，以1∶0险胜加拿大队。

在这场比赛中，韩国队当时想让我们吃的苦头，加拿大人让法国人领教了。帕潘在比赛快要结束的时候才攻入制胜的一球。这些赛前的大热门在比赛当中的表现都不如预期，让我感到非常快活。这还只是开始，后面就会慢慢应验我说的那句话：世界杯就是世界杯，独一无二。

世界杯的特性在后面的比赛中接二连三地显露出来。

在第一轮的比赛中，巴西队凭借苏格拉底的一粒进球以1∶0小胜西班牙队，比赛当中西班牙队的米歇尔的一粒进球是打在横梁上又弹进球门的，但是并没有被裁判判为有效进球，所以对这一球存在着非常大的争议。因此胜利的天平倒向了巴西人一边。济科在那场是板凳球员。我虽然一直很低调，但是我的对手却层出不穷。鲁梅尼格帮助西德与乌拉圭0∶0战平。苏联人狂灌匈牙利六个球，他们的前锋是达萨耶夫和别拉诺夫，技术过硬。丹麦人开始展示自己致命的进攻：埃尔凯-拉森刚刚在意大利的维罗纳赢了球，带着胜利的骄傲又在世界杯的第一场比赛中轻松打入一球。我当时非常看好比利时，但是他们还是在第一轮输给了乌戈·桑切斯带领的墨西哥队。

虽然我也关注其他球队的比赛，但是对我来说最重要的还是我们自己。回想比赛前我们受到的批评，第一轮小组赛的结果让我们非常满意。因此在比赛结束之后，由于中午刚过时间还早，我们先回到了训练基地，但是并没有在那儿吃晚饭。我们所有人都去了“大头”克雷马斯科的餐厅，因为我们应该来一顿大餐犒劳自己，一顿丰盛的阿根廷烤肉大餐再合适不过了，再配上“左撇子”洛佩兹演唱的那类探戈曲子的话，一切就太美好了，这都是我们应得的。好吧，歌曲还是不要了，因为“加林德斯”的模仿演唱实在令人不敢恭维。最重要的是所有人都去了。

突然，在晚餐要结束的时候，有人开始带头唱起来：“我们要成为世界冠军，我们要成为世界冠军……”

我看着他们，还有一些没有跟着唱的球员也看着他们，这一切都让我都不敢相信：“原来现在我们的目标已经是冲着冠军去了？”你们看看这些滑稽的小丑。

这顿晚餐也成了我们回顾第一场比赛的好机会，我们本应该赢韩国队五个球的。他们跟疯子似的攻击我们，却只在上半场的最后时刻才有一个人被罚牌，实在应该进五个球！他们有几次针对我的铲断非常凶狠，但是随后又跟我道歉。真是好笑。

以前的亚洲球员在足球场上非常暴力，也很无知。但是现在他们改进了很多。根据我的分析，亚洲球员的进步要比非洲球员大，后者在最近几年有点停滞不前。

但是当年我们被铲的那几脚还是起到了作用的，因为如果在今天的比赛中有人这样对付梅西、内马尔或者克里斯蒂亚诺的话，那是肯定要吃黄牌的，甚至直接被红牌罚下。这真是太好了。这才是国际足联应该做的事情：维护足球的正义，保护好优秀的球员。除了应该监管足球场上的暴力事件，国际足联还应该管管其他的事情。谁能给我解释一下在最近一次世界杯上伊布拉西莫维奇和克里斯蒂亚诺被淘汰出局的事情？这类球员就应该留在场上。他们两个都应该留下！

对于优秀球员，无论球场内外都应该给予保护，给予他们我没有受到过的保护。

第四章
妈妈咪呀

阿根廷 1 ：意大利 1

6 月 5 日，周四，普埃布拉

我射门十次，会有五次进球。五次，不多不少，正好百分之五十的命中率。我想说的是，如果我有机会重新踢那些球，效果应该还是一样的，我会为那一半射失的球感到痛心，也会为另一半踢进的球欢呼庆祝。这是我真实的经历，我并不是说有人会踢得比我更好或者更差，因为这是只有我自己才能感受到的。

我说的是在6月5日世界杯第三场比赛上，我们在普埃布拉对阵意大利队我踢进的那一球。那粒进球可以被我排在职业生涯所有进球的前几名，因为当时我进球的方式简直太精彩了：我骗过了希雷亚，在门将加利出击扑救之前就用左脚将球捅进了大门的远角。无论是技术因素还是我跟意大利的渊源，那都是我足球生涯中最精彩的进球，也是在破门后最让我感到兴奋的进球。

那场比赛如何能不特殊呢？

我不知道这样形容那个进球是不是更容易理解，因为踢进那个球是一回事，而讲述如何进球是另一回事。我当时的动作真是不在话下！如果你们能看到我当时是如何处理那个球的话，那应该就能理解了。我用左脚内侧停球，然后从左线突破，通常这个球应该从右路带出来，跟边线平行，然后再传给从后方跟进的前锋。但是我没有这样做。我带球突破了前来阻截的防守队员，晃过了出击防守的守门员，然后把球推进了大门。

这真是一粒罕见的进球。

后来我碰到了守门员加利，他是我在那不勒斯队的队友，加利对我说："迭戈，我以我孩子的名义发誓当时那个球离我有两米远。"加利每天都在跟我说着同样的话，就好像我是神父，他是前来忏悔的人一样。就像在恳求别人的原谅一样，加利继续说："人们都在问为什么我当时不把球拿住？如果我能拿住球的话我难道会不去拿吗？那个球当时就在我手的高度，但是球突然就跑到了我的后方，好像是一阵风把球吹过去的一样。你仿佛没有用脚在踢球，你就像一个网球手，用你的球拍把球结结实实地打进了球网。"

我很喜欢这个网球的比喻，因为我很喜欢这项运动。

当时人们都把这个失球怪罪在加利的头上，因为在所有的照片上他都像个傻子，张开双臂面对着一个好像触手可得的球，但他最后却没法拿住球。但是这个失误应该完全算在希雷亚头上。因为他本可以把球轻轻一拨，然后加利就能拿到球了。他当然应该把球回传给加利了！在那个年代，还是可以把球回传给守门员的。

因此在我看来，我在对阵意大利队时的那粒进球应该完全算在希雷亚头上，因为很明显，希雷亚是一个不称职的自由中卫，他习惯了在尤文图斯的打法，并不想去进行任何战术上的配合。他就是个机会主义者。但是他不知道，我在赛前好好研究过他，所以他以为我要从左边突破的时候，我选择了右边；当他以为我要猛攻的时候，我选择了用胸部停球。

在那次的进攻当中，当我拿到球并且和希雷亚进行身体对抗时，我从右路突破，身体占了上风，因为我对他已经有了预判。然后在皮球落地之前，在他来不及伸出右脚的时候，我已经把皮球轻轻拨了出去。这个动作希雷亚根本没有判断出来，而门将加利那时候也来不及做出反应了。

这时候希雷亚唯一能做的就是赶到门将身后去拦截皮球，那也不至于成为乌龙球，因为门将就在旁边。但是最终我还是把这球打进了，这恰恰是我之前说的罕见的地方，因为在十次射门中，只有五次我能射中。那次的进球是我与对方一对一的较量，皮球几乎已经与底线齐平，但是我凭借自己的力量，让对方的后卫和门将在后来的照片中看上去就像傻子一样。我轻轻一捅，将球送进了后门柱旁的网窝。

进球后我兴奋得满场飞奔，我甚至越过一个大广告牌，就像越过一个标志筒那样轻松。现在我是跳不动了，我也知道当时很多人觉得我是特意挑的那个广告牌，是事先安排好的。如果真是这样，那么广告商应该来付我广告费，但是我对此一无所知。

那粒进球非常漂亮，那场比赛对我来说也非常特殊。因为我在意大利经历了两个赛季，相对来说这时间并不长，但是我已经对意大利很熟悉了。当然意大利人也很熟悉我，所以才说这是一场非常特殊的比赛。我当时就知道我要去的是一个连空气中都能闻到足球味的国家，而我要去的城市，那不勒斯，在那儿足球就是生命。当我到达那不勒斯时，那儿的人们就恳求我一定要战胜尤文图斯队、战胜AC米兰、战胜国际米兰。然后，人们不再满足于踢赢那些劲旅，他们的目标变成了联赛冠军。

所以跟意大利队的比赛怎么会不特殊呢？不过，实际上，人们那时给我的压力还没有那么大。我们在墨西哥和意大利比赛时所感受到的压力，远比不上1990年世界杯上和意大利队比赛时的压力，因为那一届他们是东道主，他们在自己的家乡，也可以说是在我的家乡那不勒斯比赛。那次确实不一样，意大利人想要把我杀了。《米兰体育报》甚至打出了“马拉多纳是魔鬼”的标题。仅仅过了四年，就成了这种状况。但是1986年世界杯不一样，那时的我在意大利人眼中还是一个有点可爱的小伙子。当然了，这也是因为到那时为止我还没有打败任何一支强队成为意甲冠军，意大利人看我还觉得比较顺眼。

我还没有成为那个魔鬼

1984年6月，距离墨西哥世界杯几乎整整两年前，我来到了那不勒斯。在那里，我很快适应下来，甚至可以说我过得很好，因为那座城市让我想起了我的家乡和我在博卡青年队的日子。当时，我觉得即使那不勒斯是一个充满了疯子的地方，我还是感觉像在自己家一样自在。然后我才知道一个事实，虽然那不勒斯队像伟大的球队一样拥有成千上万的球迷，但实际上这支队伍跟联赛冠军比起来还差了很多，更接近乙级球队的水平。我就这样在不了解实情的情况下来到了一支与丙级球队争夺意大利杯的乙级球队。我知道我要经受很多磨难，但情势越艰难，我的斗志就越强，就跟我在国家队时的情况一样。对我们的信任越少，我们的愤怒就越多，获胜的欲望就越强烈。

也正因为如此，在我刚刚到达那不勒斯的一段时间里，我有种回家的感觉。在我和那不勒斯队签了合同后，才有人告诉我俱乐部的历史和现状。当时球队在保级线上挣扎，上一赛季刚刚以一分的微弱优势保级成功。但是就算我提前就知道了这个消息，我还是会照常签约的。因为当时我和那不勒斯人一样疯狂。我能感觉到他们喜欢我，那种喜爱是出于真心的。当时有人以绝食明志，还有人把自己捆在圣保罗球场的栏杆上，说一定要马拉多纳签了合同才行。我怎么能让这些球迷失望呢？况且我也确实从这种抗争中收益颇多。

既来之则安之。谁都知道，在意大利踢球需要面对强大的意大利后防线队员，因此我必须进行不同于以往的针对性训练。意大利的防守队员跟西班牙的可不一样，西班牙的球员可能会用手肘或者飞腿对付我，有时候我甚至要保护自己的舌头，但是他们并不在意防守的细节动作。西班牙防守队员相对更加暴力，也更加直接。但是在意大利情况就不同了，他们的防守队员是这方面的专家。这让我想起之前在西班牙世界杯上詹蒂莱对我防守时所做的表演。他们中的大多数都是天才的防守艺术家，他们针对这项技术有专门的训练。现在意大利队要从国外找防守队员，让他们入籍才能打国家队比赛，但是当时意大利队的防守队员多得是。于是我从西班牙请来了“瞎子”费尔南多·西尼奥里尼，对于体能训练，他懂的比任何人都多。另外再加上奥利瓦医生从旁协助，他们俩的存在对我恢复伤势意义重大。我需要让自己的身体达到最好的状态来应付即将到来的比赛。所有方面都必须是最好的状态。

正因为如此，在那不勒斯所做的种种准备也是迎接墨西哥世界杯最好的方式。我说这是最好的方式，首先是因为在那不勒斯，我又一次感觉到了自己的重要性，因为那不勒斯人让我感觉自己是必不可少的，这种感觉我在巴塞罗那并没有体会过。第二是因为这段经历迫使我强化自己的身体素质，让我的身体达到一千分的完美状态，以用来应对意大利强队队员，这些人可比我、比我在那不勒斯的队友，甚至是比西班牙的球员要强大得多。第三是因为这样的准备方式让我觉得是在跟所有不利因素做斗争，是在和我所有的敌人做斗争。

在那不勒斯队踢球确实就是这么艰苦，需要跟所有人做斗争。我还记得我在意大利足球舞台上的首次亮相，当时我们首场进行了对维罗纳的客场比赛，他们有丹麦人埃尔凯-拉尔森和德国人布里格尔。我从德国人身边经过，他的眼神却表示想把我扔出这个球场。他简直就是一头野兽！更加野蛮的做法是客场球迷用一面旗帜迎接我们，旗子上写着“欢迎来到意大利”。在那场代表南北意大利之争的比赛中，我让自己强大了起来，也按照我自己的意愿竖起了一面旗帜：那是代表穷人的旗帜，也是最好的旗帜。

那时候太不容易了，我一生中都在斗争，这实在是件困难的事情。就这样，在1984—1985年度联赛的第一阶段的比赛中我们仅得了九分。我带着说不出的羞愧回到布宜诺斯艾利斯过圣诞节。但我当时知道我还有机会，一个绝佳的机会。因此我没有让这个机会溜走。自那次过节以后，我们的积分比代表百万富翁和富裕欧洲的维罗纳队还要多，他们得了二十二分，而我们得了二十四分。虽然最后维罗纳队取得了联赛冠军，但是我们也发出了声音，让他们知道了我们的目标是什么。我踢进了十四个球，在进球榜上和普拉蒂尼很接近。当时的普拉蒂尼是意大利联赛中的代表人物。每支意大利联赛队伍中都有一两个代表性人物，比如尤文图斯的普拉蒂尼、国际米兰的鲁梅尼格、拉齐奥的劳德鲁普、乌迪内斯的济科、佛罗伦萨的苏格拉底和帕萨雷拉。法尔考和托尼诺·塞雷索当时在罗马队效力！你看看，都是些大人物。所以说还有什么方式能比踢意甲联赛更好地让我备战墨西哥世界杯呢？

同样的，我自己也需要拿到更好的成绩。对我来说，是为了我的国家队，对那不勒斯人来说，是为了自己的俱乐部。我必须帮助那不勒斯人打赢这些战斗，尤其是和意大利最强俱乐部——尤文图斯、国际米兰、AC米兰这些北方俱乐部之间的战斗。于是我找到那不勒斯队的俱乐部主席费莱诺，威胁他说如果他不在1985—1986年赛季，也就是墨西哥世界杯即将打响的那个赛季签来几名精兵强将的话，我就要走人了。于是我们真的签来了几名过硬的球员，桑普多利亚队的雷尼卡、维罗纳队获得冠军的门将加雷拉——他喜欢用脚阻截球，不过确实给他拦下来了；尤其是连拉齐奥的布鲁诺·焦尔达诺都加盟了。我很喜欢焦尔达诺，撇去他场外的糟心事不谈，我发现他是一个适合那不勒斯队打法的球员。那不勒斯队的宗旨是不希望有任何球员因为吵架或者地域又或者自己的私生活问题而离开这个队伍。焦尔达诺是个老道的球员，非常有经验。虽然他卷入了地下钱庄丑闻当中，但是这并没有影响到他在场上的表现，在拉齐奥的时候，他在场上任何位置都能踢，右路、左路、中场样样手到擒来。我非常希望他加入我的队伍，于是我亲自去找了他。他当时立刻就答应了下来。为此费莱诺付了三百万转会费，他几乎都要哭了，但是这么做确实是值得的。焦尔达诺让我不再感觉是孤军奋战，独自指挥着整支队伍。他殿后，我突前。我踢进了十一个球，他踢进了十个。我们齐心协力让那不勒斯队的排名又往上升了升，我们进入到了第三轮，比意甲冠军队尤文图斯还多六分。最后我们获得了参加欧洲杯的资格。那不勒斯球迷简直不敢相信这是真的。但是我信。

因此我仍然要说，还有什么方式能比踢意甲联赛更好地让我备战墨西哥世界杯呢？我们跟最好的球员交手，我在球场内逐步强大起来。我当时可以自由发挥，超越自我。我可以在没有人看好我们的情况下做出一番成绩。

不知道诸位是否能够理解：我在那不勒斯的经历实际上和我在阿

根廷国家队的经历如出一辙。我当时的思绪已经飞到了世界杯的赛场上。我能为那不勒斯队做到的，同样也能为我自己的国家队做到。

当时那不勒斯队的教练是比安基——奥塔维奥·比安基。其实训练队伍的是我们球员自己，因为这位教练一开始就让我觉得很不适应。

于是，带着种种历史渊源，我来到了墨西哥世界杯。当时我已经适应了很多事情，尤其是如何与不公平抗争。在1986年墨西哥世界杯之前，普拉蒂尼才是大赢家，所有的光环都是他的，而我只是个扔帽子扔棍棒扔管子的杂耍演员。但是这些技巧并没有让我得到冠军，或者获得任何头衔。

赢球！我想要赢球！不论我的对手是谁，我都想战胜他们，赢得比赛的胜利。在之后的比赛中我也是这么做的，我不停地战斗、战斗，最终打败了神一般的普拉蒂尼。

一台电视全员观看

当年在训练基地里并没有什么娱乐项目，只有一台电视机，放在食堂里供所有人观看比赛。另外的娱乐就是墨西哥的各种体育刊物，例如《精彩消息》《喝彩》《爱好者》等杂志。每周的晚些时候，我们还能看到《阿根廷体育画报》。记得有一期的内容让我浑身的寒毛都竖了起来。那期画报里有一篇关于普拉蒂尼的采访，题目竟然是“非常荣幸能对普拉蒂尼进行采访”。采访这个冷血的法国人怎么就成了一种荣耀？拜托！看到这个标题我都要发疯了。到今天我想起来也觉得要疯。在同一期的画报上，还有贝利的一段话，感觉就像是特意要写给我看的，也不知道他们是为了激怒我还是为了激励我。

贝利都说了些什么？我再一次读到这段话的时候，仍然想立刻冲到球场上，向他展示一下我后来在场上做到的事。贝利说：“这次是迭戈证明自己是世界上最好球员的最后一个好机会。我认为到目前为止，迭戈并没有获得足够多的荣誉来证明他是全世界的头号球星。他在西班牙的经历真是糟糕透了，他容易被激怒，觉得自己被侵犯了就躺倒在地，对犯规动作抱怨不止。所以我不认为他是最佳球员，我觉得普拉蒂尼、鲁梅尼格或者济科更能配得上这个称号，这些球员的水平不在迭戈之下，甚至更高。普拉蒂尼也经常是犯规的对象，但是他被绊倒了就自己站起来，继续比赛。而马拉多纳只会看着裁判。我也知道这些犯规踢得人很疼，但是球员自己应该学会躲避这些犯规，学会在困境中变得更加强大。”

对于这段话，就差几场球赛来回应。或者说，还差几年就能让贝利和普拉蒂尼彻底知道我到底是谁。

对战意大利，我们开始相信自己

在普埃布拉的那个下午，我的对手并不是在意甲踢球的单个法国球星，而是一支从队员到教练我都非常熟悉的队伍。

他们中的一些人跟我在那场意甲“南北战斗”中直接交过手，只有一个是我的同队队员，还有另外一个当时在一支不起眼的队伍中踢球，后来才加入那不勒斯队。

意大利队的教练恩佐·贝亚尔佐特特意安排我的同队队友上场对我进行盯防。我不知道是否因为他觉得我的队友对我非常了解，所以一定能看住我，但事实是我比萨尔瓦托雷·巴尼要强上三分。他当时穿上了10号球衣，意大利队的10号！但是他的表现并不像10号球员应有的表现，再加上他本来膝盖有伤，结果可想而知。就是这样一支意大利队，在来世界杯之前就一路磕磕绊绊，没坚持多久就回家了。

不出所料，一是因为意大利对阵阿根廷，二是因为我和意大利的渊源，使得我们的这场比赛成为最热门的话题。巴尼和鲁杰里有多次交手，非常精彩。巴尼跟我说每次他遇到鲁杰里就用意大利语喊他“婊子养的”，好像觉得“大头”听不懂一样。然后“大头”就问我怎么回敬巴尼才能让他闭嘴，我说：“什么都不要说，‘大头’，要实在不行你就对他说‘cornuto’[1]就好了。”于是每次萨尔瓦托雷在场上靠近我们的时候，鲁杰里都对我说：“你看，那个‘cornuto’要来盯我了。”然后萨尔瓦托雷就气得发疯。

意大利国家队里有很多强队的球员，比如尤文图斯的希雷亚和卡布里尼；国际米兰的贝尔戈米和阿尔托贝利；阿韦利诺的德纳波利，他后来来到了那不勒斯队与我并肩作战；来自当时风头正劲的维罗纳队的迪真纳罗和加尔代里西；佛罗伦萨的加利；另外还有布鲁诺·孔蒂，我每次看到他都要跟他拥抱，因为他是个伟大的球员，那时候他是罗马队的象征。我记得在世界杯开始之前，所有人都在谈论哪些人可以成为意大利队的代表人物，我当时就不明白候选名单人中怎么会漏掉孔蒂。他在那个年代可以说是先锋球员，很难把他分在固定的一类球员里。而且他还是1982年西班牙世界杯冠军队伍的一员。我还记得在那届世界杯上詹蒂莱踢我的那几脚，真是痛苦的回忆。

詹蒂莱的风格倒不能代表意大利其他防守队员的风格，因为大部分人都是训练有素，试图用最完美的方式把球抢断过来，他们是抢断的大师。被人们称为“意大利大众情人”的卡布里尼就是一个技艺精湛的球员，但他的表现有时也飘忽不定。

另外意大利队中还有维尔乔沃德。天哪！维尔乔沃德！这个人的追赶能力太强了，他的腿简直太可怕。他的父亲是乌克兰人，是苏

1　意大利文，动物的角，意译为“被戴绿帽的”。

联红军，但是他出生在意大利，取得了意大利国籍。维尔乔沃德就像只苏联军犬，被训练成一块意大利式的坚硬磐石。另外，他追赶的速度像风一样快，总是能盯防住对方的球员。他是一个实用性很强的球员，也是个非常厉害的进攻球员。

在这场比赛之前，我对博尔吉讲了很多关于维尔乔沃德的事情。现在我回顾当时的场景，就是在回顾我们是怎样让我们的队伍强大起来的。当时媒体和球迷们都给了比拉尔多很大的压力，想要博尔吉跟我在场上并肩作战。我自己也想和博尔吉一起踢球，我非常宠爱他，因为他值得我这样做。那时的博尔吉还是个毛头小子，跟比拉尔多的关系并不好。我还记得我把达尔蒙特为我做的治疗脚踝的机器借给这孩子，因为当时他的脚踝让他伤透了脑筋。

后来这场对阵意大利的比赛中，比拉尔多把博尔吉放在了首发阵容里，和巴尔达诺一起担任前锋。其他的首发分别是：门将内里，库奇乌夫代替了克劳森，雷打不动的布朗和鲁杰里，加雷、朱斯蒂、巴蒂斯塔、布鲁查加和马拉多纳。

那时候我抓住博尔吉对他说：

“对方的维尔乔沃德会紧紧盯着你。你利用灵活摆动应该很容易就能摆脱他。但是他很快会追上来。你明白我说的吗？”

“明白了。”

“你要记得，到时候你就跟他过招，然后超越他，如果你又一次跟他纠缠上，他会咻的一下跑掉，当你再次抬起头的时候，他会又出现在你面前。你懂了吗？”

“懂了。”

“我跟你说这些是因为他之前盯防我就是这样，前三个球几乎都是他盯我，每次都一样。第四次的时候，我更加灵活地甩掉了。”

我不知道博尔吉这小子到底听懂了没有，但我可以确定他的灵活走位可以让维尔乔沃德忙碌一番。博尔吉天分很高，但是在那场比赛当中他有点太松散，接下来的一场也是如此。

意阿大战给我们重要的收获是从那时候开始，我们对自己有了信心。那是墨西哥世界杯的第二场比赛，我们在战胜了一帮韩国跆拳道高手之后，全队紧密团结在一起对抗一支传统强队，虽然这支队伍并没有处于最佳状态，但是仍然是一支经验丰富、球艺精湛的队伍。

我们的后防线坚不可摧，中场频频移动，攻势也很凶猛。克劳森因为在第一场比赛中松散的表现，这次被排除在首发阵容之外。我个人很欣赏"黑子"，但是在墨西哥的时候，他的表现没有他在独立队的时候那么令人眼前一亮。库奇乌夫渐入佳境，为自己赢得了一席之地，虽然到那时为止他还没有实行"阻截"战术，但是已经完全能看住对方的加尔德里西了。边路仍然是四人战略，塔塔和"大头"在中场，当时"大头"真是让阿尔托贝利吃了不少苦头，加雷在左路，他等着对付的是对方的孔蒂。

每个人根据自己的判断在不同的位置上跑动。布鲁更多地在左路跑动，在这一场比赛中就非常重要，巴蒂斯塔有点不舒服，比拉尔多在下半场的时候把他换下来，这导致巴蒂斯塔非常愤怒，甚至威胁说要飞回布宜诺斯艾利斯。这就是球队当时的状况，球员们非常自信，我们一直在球场上指挥自己。

当时已经定好的战术是把球传给我或者传给博尔吉，然后我们一路带球突破，这是巴尔达诺做不到的，因为我们擅长短传倒球，但是巴尔达诺擅长长传冲吊。但是教练又不希望"比奇"过多地从后方冲到前面进攻，这使得最后"比奇"都不知道自己到底应该怎么踢了。

所以我想说，在比赛结束后人们谈论比拉尔多的战术如何巧妙，如何准确，但是我并不这样认为。

巴尔达诺后来在《国家报》对他的一次采访中就很准确地解释了

这一点，那次采访是纪念他为国家队出战二十周年所做。我也可以在二十年之后再说些什么来证明我刚才的观点，但是巴尔达诺的话更能表达我的心声，所以我在这里直接引用他在那次采访中说的话："一支组织架构并不清晰的队伍最后是如何成为一支不可战胜的球队的呢？"他当时说得很有哲理，我百分百表示同意。他用了一些很复杂的词，但是听的人却清楚地明白他想要表达的内容。

那届世界杯的赢家是我们这些球员，自打与意大利队的比赛之后，我们开始意识到自己会获得冠军，并且也让大众意识到了这一点。一些球员在世界杯上表现出的水平比之前的巡回赛高出了一大截。但是在面对上届冠军的时候，我们在某些方面还差了那么一点。

这场比赛中我们被该死的荷兰主裁判凯泽尔故意判罚了点球。我的意大利朋友孔蒂当时在禁区底线与加雷争球，孔蒂钩到了球，把球一捅，球反弹一下往布鲁的方向飞去。布鲁毫无手球的意识，是球打到了他的手上，然后这个该死的裁判就罚了点球。从这个点球的判罚就能看出意大利的强队优势了。在那个年代裁判们总是对意大利或者巴西比较照顾。你知道当时意大利队住在哪里吗？在普埃布拉。住在哪个宾馆呢？在梅松德尔安赫尔。但是你知道凯泽尔裁判一到达普埃布拉就去了哪里？你猜对了！就是梅松德尔安赫尔宾馆。

开启夺冠之旅

比赛进行到第六分钟，没有什么波澜。阿尔托贝利控球。就是这么巧，阿尔托贝利，我在意甲联赛的老对手，而我现在身处迪拜，经常在客厅的电视机里看他的节目，因为他现在是拜因体育频道的意甲联赛特约评论员，而我最喜欢看的球赛还是意甲联赛。每次我看到阿尔托贝利出现在屏幕上，都能想起在普埃布拉的那场比赛，他本可以控制全场，把我们打个落花流水，但最后的结果却是由于我们对他们进行了仔细的研究，最后控制权落到了我们的手中。

我在那场球赛中对布鲁说道："我们要控制一下球权，但是慢慢来，不要太疯狂。"

因为对手是意大利，即使我们面对的不是处于巅峰时期的意大利队，还是应该给对方应有的尊重。又或者说，不需要这种尊重，因为我们要公平竞赛，而且要超越他们。意大利人和德国人很像，看到一滴血就能无限放大它的价值。他们用那个点球让我们很受伤，所以你想象一下：所有的黑暗可能会在一分钟之内全部回来，因为我们虽然打赢了第一场比赛，但还不足以让众人相信我们的实力，我们仍然可能变回那支不被任何人信任的球队，我们只能相信自己。

因此和意大利队的比赛非常有价值。1∶1的平局对我们来说就是一种胜利，尤其我们是在落后一球的情况下扳平比分，很不容易。我的那一球是在比赛进行到三十分钟时踢进的，就是这一球让我们扳平了比分。那次的配合首先是朱斯蒂发边线球，球传给了博尔吉，然后几次传球之后我接到巴尔达诺的传球。那粒进球的场景我在一开始已经描述过了，那确实是我职业生涯中最漂亮也是最重要的一粒进球。

那粒进球的意义还在于，从那以后，我们真正开启了世界杯夺冠之旅。

我们本可以赢得那场比赛，因为我们踢得实在太精彩了。如果那时候教练席那儿给我们一个手势让我们缓下来不要进攻，那我真的会跳到教练身上去。于是我们一直保持进攻的势头，先后又到达对方禁区好几次。巴尔达诺的一个头球差点就破门了，而鲁杰里和布朗不停地往前场跑。

当比赛还剩一点时间的时候，对方的维亚利走向加雷，对他说：

“停一停吧，加雷，你去跟比拉尔多说说。”

加雷回答道：

“干吗要停下来？我们想要赢球。”

如果这时候比拉尔多真的来让我们停下来，我会把他给杀了。我发誓我会这样做的。因为当时我希望看到的正是球队掌握球权，然后把对方打得落花流水。

在这场比赛中，比拉尔多又一次把巴蒂斯塔撤换了下来，这让巴蒂斯塔非常生气，因为他觉得自己要被放在替补名单里了。于是他就产生了要回国的念头。后来他们一起开了个会，比拉尔多这个蠢货把我叫去，想让我在场作证，因为他们想要有人证。真是干什么都疑神疑鬼。

我现在重新看这场比赛，也是我头一次回看这场比赛，它还是让我感到非常快乐，跟当初比赛带给我的感受一样。自从那次的平局开始，我们对自己，也对大众，尤其是对那些不看好我们的人说：“如果我们能和意大利打成平手，那么说明我们也有战胜他们的实力，我们可以打败那些真正的强队、打败那些夺冠的热门队伍。”

很多人都说当时的墨西哥观众是站在我们对立面的，这话只对了一部分。在和韩国队比赛时，他们为对手加油，这很自然，因为人们总是同情弱者，尤其是在实力悬殊的比赛中更是如此。对阵保加利亚队的时候也是这个情况。但是对阵意大利时，因为我们两队实力相当，一开始墨西哥人为意大利人加油，最后结束时观众却站在了我们这边，因为观众发现我们更想奉献一场精彩的比赛。我们掌控了比赛，改变了比赛的风向。

除此之外，我觉得我们队在场上的英雄是鲁杰里。他在与韩国队的比赛中状态勇猛，还进了一球，在对抗意大利队时他的防守让阿尔托贝利束手无策，只进了一个点球，其余时间连球都没碰到。另外，他一有机会就跑到前场寻求进球机会。他简直就是想变成进球机器！他如野兽一般怀有强大的信念，到处都能赢得人心。他当时就是一把锋利的尖刀。

我当时觉得自己飞起来了。我的速度快极了，这都归功于我在世界杯之前所做的针对性体能训练。在训练中，教练们改变了我的训练方法、饮食习惯和补水方式。在世界杯之前我接受的一切训练，当时的阿根廷见都没见过，之前没有，之后的很长一段时间里也没有。这种训练方式并不常见。

在如今的球场上，更多讲求身体素质，对技术的要求减少了。在我们那个年代就不同了，技术当先，如果身体素质好，那就是锦上添花。这就是为什么现在欣赏瓜迪奥拉的人这么多。现在的足球讲究传球配合，速度根本提不上来。你看，这就是不同。现在的进攻队员慢悠悠地倒球倒到对方门前，不应该是这样的。把球踢到对方门前应该是非常精彩的进攻，光有速度也是不够的。

但是1986年的我既有技术又有速度，说起来你们可能不相信，其实1990年的我状态更好。但是手上和脚踝的伤势让我的情况变得复杂，还有围绕在我身边所有的不堪都让情况变得复杂。那时候的我是个“魔鬼”，就跟《米兰体育报》的封面标题说的一样。

萨尔瓦托雷·卡尔曼多，我在那不勒斯的按摩师，他的经历与我如出一辙。意大利队一开始根本没有考虑他，所以1986年的世界杯他是跟我一起来到墨西哥的。但是到了1990年世界杯，意大利队把他要了回去，因为那时候他们想起来原来我的按摩师也是意大利人。

我是代表南方的旗帜

对于强大的意大利北方来说，我和那不勒斯队简直对他们出了一记重拳，可以算是一场暴击。不止那不勒斯，一直往南，整个意大利南部都爱我。所有贫穷的南部人民都爱我。我就是他们的旗帜，一面代表贫穷的南方对抗强大北方的鲜明旗帜，这面旗帜代表着贫穷的南方人打败了富有的北方人。这几乎是他们毕生都在追求的事情。

直到1986年，那不勒斯队还是一支任人宰割的球队：尤文图斯队来到圣保罗球场，踢进三个球，然后回去了；AC米兰队过来客场作战，把球队打得落花流水，然后回去了；国际米兰也一样。当我到达那不勒斯的时候，队伍开始渐渐强大起来，可谓风水轮流转，我开始反击了。不管是尤文图斯还是AC米兰又或者是国际米兰，我们面对传统强队都能以三球甚至四球的优势赢得比赛。在超级杯的一次决赛当中，我们甚至赢了尤文图斯五个球之多。这些都已经被写进了历史。

自从我们开始赢球，这些意大利人连杀了我的心都有，在1990年的世界杯上更加明显。1991年的时候，意足联主席马塔雷塞和费莱诺把我禁赛了。那真是一个充满罪恶的社会。我就这样离开了意大利，一个里拉都没拿到，两手空空地离开了。但是我什么都没说，也没有任何抱怨，我走了。

然后他们对卡尼也同样提出了禁赛的处罚，阿根廷的卡尼吉亚。我觉得这件事就是故意的，一万个球员里面只有我们两个药检呈阳性。这骗得了我吗？这就是对于我们在1990年世界杯打败意大利队所做出的报复！明显得连瞎子都看得出来。

即使有那么多不愉快的历史，如今意大利人对我给予了巨大的尊重，无论南北，都很尊敬我。对于他们来说，我已经不是单纯的足球运动员了，而是一个传说，他们尊敬我。在他们眼中，我仍然是那个在足球赛场上无所不能的马拉多纳，这一点让我非常感动，发自内心地感动。在意大利人眼中，甚至在英国人眼中，我还是当年的我。这一点很奇怪，但又是那么明显。这是他们对我的巨大肯定，实在是太美好了。

2011年的时候，我女儿小达尔玛想去那不勒斯旅行，去看看那个她两岁就离开的城市。我对她说："亲爱的，你不要去。你最好另外挑一个地方，因为那不勒斯人非常狂热，狂热到会让你发疯的。你还是去其他城市走走吧。"但是达尔玛遗传了马拉多纳的顽固，她坚持说："我不要去其他地方，爸爸，那不勒斯人是为你而狂热，谁会认得我呢？我才两岁的时候我们就离开了，谁也不会注意到我是谁。你放心吧，我只是去几个朋友家玩玩，没有人会知道我在那不勒斯的。我想去那儿到处逛逛，因为我什么都不记得了。"

你知道后来发生了什么吗？事实证明我是对的，达尔玛当时就应该听我的。如果说阿根廷人民对我的爱是毫无条件的，那么这种爱在那不勒斯还要翻倍。当那儿的人听说我女儿来到那不勒斯的时候，她几乎连路都走不动。甚至有人在达尔玛面前下跪。而达尔玛这个善良的小天使，她看到有人跪在她面前就会上前扶他们起来，跟他们说自己什么都没做，让这些人不要过于激动。

第一天达尔玛就被带出去转悠，然后他们在一栋建筑前面停了下来。"我们在这儿停一会儿。"达尔玛就下车了。他们进了电梯，按下了二楼的按钮，当电梯门打开的时候，所有住户都站在走廊里迎接她。无数的亲吻、拥抱、合影……达尔玛跟所有人都打了招呼，心里想着这些都是在她很小的时候就认识她的人。这些邻居家里摆着跟我的合影，跟我家人的合影，甚至还有跟我家保姆的合影。在终于和所有人都寒暄过之后，达尔玛进了电梯，松了一口气，心想这算是告一段落了吧，然而并没有结束。接下来他们按下了三楼的按钮，刚才那一幕欢迎仪式重新上演了一遍，亲吻、拥抱、合影。接下来的每一层都是如此，一直到八楼。但是八楼的情况更加热闹，那里甚至有一个专门的玻璃柜用来摆放我们的照片，里面还展出我踩过的草皮！最后达尔玛终于问候完了所有人，心里想着终于可以开始在这个城市逛逛了，但是谁知道她又被带去了一家医院。当他们一行人到达的时候，医生、护士、行政人员以及病人都在门口等着欢迎她。更夸张的是，没人想要集体照，达尔玛得和每个人单独照一张！

那天是周二，但是那不勒斯队的球场还是为了达尔玛一人开放了。达尔玛一开始只是说自己是曾经在这里踢过球的一名球员的女儿，但是没人理她。如果换作小女儿贾尼娜，她肯定会说："你知道我是谁吗？我是马拉多纳的女儿，让我进去。"但是达尔玛不一样，她拿出了护照给门卫看，那人当时差点惊讶得窒息了。后来他们开了门，指着一个扶手椅对达尔玛说那就是她妈妈克劳迪娅每次来看球时坐的位置。球场里还有一个类似于"圣殿"的地方，专门用来摆放我踢球时期的照片，达尔玛对此感到不可思议。

在回程之前，达尔玛去了一家购物中心吃饭，在那儿也遇到人们不停地给她送各种礼物，T恤或者球队的胜利徽章等，甚至还有球迷把存着自己全家人照片的U盘送给达尔玛，为的是我能看到他们家里的每个人。当达尔玛逐一谢过所有带来礼物的人之后，她突然发现根本没有办法把所有的礼物都带回去，因为她之后还要继续她的行程。"你别担心。"热心的人们用意大利语对她说，然后不知从哪儿就冒出来一个大袋子，用来给她装礼物。这就是那不勒斯人民。

后来因为被那次旅行深深震撼，达尔玛产生灵感创作了一部戏剧，题目为"上帝之女"。在这部作品中，她讲述了在那不勒斯经历的一切。可怜的孩子，恰恰就是这个题目给她带来了很多麻烦，因为有些头脑不清楚的人指责她大言不惭竟然自认为是上帝的女儿，把自己的父亲比喻成上帝。但是在作品当中，达尔玛一直想指出的却是这个人并不是上帝，对她来说，只是自己的父亲而已。当我去看这场戏剧的时候，我不能抑制内心的感动，从开场哭到落幕。

对达尔玛来说，由于人们过于热情，她寸步难行，没能够随心所欲地去认识那不勒斯，并不是这趟旅行最糟糕的地方。最糟糕的是她不得不承认父亲的话有道理。当我开玩笑地跟达尔玛说："女儿，跟我说说你在那不勒斯的事吧。"她只是回答："挺好的，挺好的。"这个倔脾气就是不愿认错。

教宗在梵蒂冈所做的事正是我想在国际足联做的事

如果要我在时间的长河中找出最与众不同的东西，我一定能找到。如果我要谈论意大利，那我就要说到罗马。说到罗马，就不得不提梵蒂冈。所有人都知道我对1986年的梵蒂冈是什么看法。我见到了当时的教宗，还跟他握了手，如果有机会，我不会再次坐下来跟那位教宗交流，甚至连喝上一杯咖啡都不可能，即使用黄金万两也收买不了我。但是现在，如果有机会见到方济各教宗，我一定请他喝上一杯咖啡。

我们现在这一届教宗问过自己在梵蒂冈设立银行有什么意义，或者说至少他考虑过这个问题。对于一个每个月有八万欧元开销的人来说，这个问题不算什么。马拉多纳每个月能挣八万欧元，但是对于一个有房有粮拥有一切的神父来说，如果钱不是用来帮助穷人的话，那又有什么用呢？

所以我很欣赏教宗的这个观点，我认为他确实是在为他的职责所在而忙碌，为真正需要他的人奔忙。

所以我要怀着所有的崇敬之心说一句，我们亲爱的方济各教宗做得好！之前人们给他带来一双红色的鞋子，看上去像是普拉达之类的名牌，教宗拒绝了，说他有自己的皮鞋，就是他在布宜诺斯艾利斯博埃多区买的那一双，他觉得自己的那双鞋非常舒适。教宗的处理方式真是太棒了。

有一天夜里，他避开警卫溜了出来，于是街上的人们突然就看到一位神父在吃一块比萨。还有一天，教宗就像个普通人一样，进了一家老百姓会去的眼镜店配眼镜，毫无架子。

教宗的行为一方面让我感到非常敬佩，另一方面又让我深感恐惧。恐惧源于我知道这些好神父冒着可能在下一个转角会被袭击的风险来到人民中间。我将这个担忧告知了教宗，他让我不要担心，因为他知道如何保护自己，一切都在他的掌控之中。

最重要的是，一直以来我都能感受到教宗对我说话时的真心。

教宗在梵蒂冈所做的事正是我想在国际足联里做的：成为一个透明人，人民才是最后的胜利者。这愿望放到国际足联这里，就是希望不要再有不正当的勾当，不要再有用金钱收买世界杯的事。就像教宗真正关心世界上挨饿的穷人一样，希望国际足联真正关心踢球的球员和看球的观众。如果足联希望为观众奉上一届精彩的世界杯，那就让真正有实力的球队夺冠，不要让任何外围赌场得到什么好处。如果球员真的是为了钱，那肯定就去阿联酋踢球了，因为说到钱，世界上再也没有任何地方比那里更富有了。

我去拜访教宗的那天，一进入梵蒂冈，我并没有看到金子做的天花板。教宗在一间非常普通的房间里接见了我。当时我们就是这世界上最普通的两个人。我们无所不谈，教宗对我说他需要我，而阿根廷需要我们两个。教宗还说历史上从来没有两个阿根廷人同时站在各自领域的顶端，而现在，我们两个都做到了。

我真心希望教宗比马拉多纳更有名。但是相比之下我有一个巨大的优势，因为我足球踢得还不错，而足球恰恰是全世界都为之疯狂的运动。

第五章
与国际足联对抗

阿根廷 2：保加利亚 0

6 月 10 日，周二，墨西哥城

在墨西哥的时候，我已经开始成了国际足联的眼中钉。之前在与韩国队的比赛中，对方对我们可谓大打出手，于是我对于比赛中的暴力行为提出了严正抗议。之后，我们又遇到了意大利队，那场比赛的裁判实在是太黑了，于是我又把抗议的炮火对准了那些欧洲传统强队和巴西队。之后我们和保加利亚队的比赛被安排在奥林匹克球场，与第一场比赛同一场地，但是时间却是在中午！在当季炎热的高原天气里，大中午让我们去比赛！该死的！在这种情况下比赛可能真的会出人命，这可不是开玩笑。

精疲力竭的球员与喝着香槟、吃着鱼子酱的官员

我记得球员们开始在训练基地里倾诉种种不满，于是就产生了反

抗情绪，我们发现球员自身也拥有强大的力量，这种力量强大到让人不敢相信。比如，如果我们说“我们不要再踢比赛了”，那就意味着一切都结束了。这个观点是“瞎子”西尼奥里尼跟我说的，他当时想到我们房间来，把这个想法告诉我、告诉佩德罗、告诉巴尔达诺。巴尔达诺总能将我的内心所想表达出来。在内心深处，我想成为切·格瓦拉，但是我深知我拥有的武器就是我的双腿，而那颗皮球就是子弹。如果我们不踢球，那么这些武器也就没有任何用武之地，因为毕竟球迷们还是渴望看到我们上场。所以我们到底应该怎么做？我们应该上场踢球，我们也应该直接表达内心真实的想法，不能再沉默下去。于是我第一次直面阿维兰热主席，把我们对于球场暴力、对于黑哨和对于球赛时间安排的不满统统发泄了出来。

但是这个蠢货对我说：“你们作为球员，应该做的事就是上场踢球，面对媒体发表意见这种事有我们官方来做，这是制定规则的人应该做的。”

可是这又凭什么？

于是我对他说：“阿维兰热先生，我们这些球员不是谁的奴隶，尤其不是您的奴隶。您至少应该倾听我们的诉求。如果您认为我们是无理取闹，那我们就此收声，行了吧？”

有时候沉默是金，但是又有一些时候必须发声，为了让阿维兰热明白我们的苦衷，我不得不对他说他不能做一个独裁的暴君。我不得不使用“独裁者”这个词，因为在那个时候阿维兰热就是这样一个形象。他在背后操纵一切，凌驾于任何人之上。如果他想把你撤掉，那你就死定了。可以说，他比我们要面对的最坏的后卫还要糟糕一百倍。

如果当时是出于电视转播的原因不得已把比赛安排在中午，那么我也能理解，因为晚点比赛的话中国那边就看不了，而我们希望全世界的球迷都能看到比赛。但是让我们在中午十二点踢球实在令人费解，因为完全可以将比赛时间再往后推延两三个小时。中午十二点的时候，高原反应加上极度的炎热，让人踢球简直就是在犯罪。一场比赛下来，所有人都精疲力竭，完全被搞垮了。在比赛的最后二十分钟，有的球员甚至只能在球场上走动，根本跑不起来，你如果看到他们的脸色，绝对会被吓一跳，因为球员五官扭曲，脸色难看极了。而足协的官员们正坐在舒服的椅子上，吹着空调，喝着香槟，品尝着鱼子酱。直到有一天一个来自菲奥里托镇的黑小伙对他们说："好吧，你们就吃你们的鱼子酱、喝最贵的香槟，而我们这些球员冒着生命危险在球场上拼命只是为了呈现一场精彩的球赛。"

然而在中午十二点的高温下呈现一场精彩的比赛绝对不是一件易事。

那时候，甚至连胡里奥·格隆多纳都站在我这一边，至少他没有让我闭嘴。但是现在我想来，在这件事情上他当时是两面派，出于个人交情，他是站在我这边，但是当他去了国际足联工作，当然又要站在他们一边。对于他的这种态度变化，我一点也不觉得奇怪，因为他知道我曾经跟他说过，不管怎样我们都会在球场上取得最后的胜利。一定要取得胜利，因为只有这样我们说的话才更有分量，如果输了，我们只会被当成哭天怨地的弱者。而我从来也不是一个弱者。我们是反抗者，但是我们深知承载这种反抗精神的是职业精神和责任。

大一些的小洋葱头们

早起对我来说真是一件头疼的事，能和在大中午比赛"媲美"的就只剩在早上七点钟起床这件事了。每天早上七点一刻的时候，特罗比亚尼和巴尔达诺两个喜欢早起的人就已经出现在大家的房间门口了。我比较喜欢到房间外面的露天区域去洗漱，这是跟老爹出去钓鱼的时候养成的习惯。而且这也有一半是出于自觉，因为当时并不是每个房间都有卫生间。于是这也成为每个训练日正式开始前的一项仪式。每个人洗澡然后吃早饭。说到早饭也是一件麻烦事，因为如果那天中午有比赛，那么这顿饭与其说是早饭，不如说更像一顿午饭。我遇到这种情况就会请求卡尔曼多给我做意大利面，一定要最正宗的，因为比赛时间是定死的，吃饭的时间也一样。因此，管他什么营养食谱！有些事情看起来也很随意。当时我们就像大一些的小洋葱头队的队员，一时开心地打闹，一时又抱怨所有的事情。

还有队服也是一样不严谨。如果现在看到当时在世界杯决赛开始之前的照片，简直无法相信那是一支国家队，因为连比拉尔多和教练组的其他一些成员身上穿的衣服牌子都不统一。这一届被所有阿根廷人民铭记的国家队，当时队员穿着自己的球衣就从四面八方赶来聚在了一起，几乎连统一的队服都没有。这就是当时的我们。

同时，我们在那时候已经逐渐成为一支强队，任何人、任何事都不能阻挡我们前进。对内对外我们都意志坚定。每次在小巴车上，只要我的起床气过了，那就是一路欢声笑语。所有人在车上兴奋地说着、笑着，说伊斯拉斯是老鼠屎,因为他总是抱怨这个、抱怨那个。同时，那些基本没有机会上场的人，比如阿尔米龙和泽拉达等，恰恰是这些队员，成了小巴车旅途中最会活跃气氛的人。当时大家齐心协力，构成了一支非常团结的队伍。

6月10日，周二，在我们把剃须、洗澡、吃早餐这些日常活动完成之后，大家手挽手肩并肩走向了小巴车。之前我也说过，球场离我们住的地方很近，这也是训练基地的优点之一。一路上的欢声笑语好像是节日的一部分，因为我们对自己的队伍充满信心，也确信所有人一定会向我们投来尊敬的目光。之前经过和意大利队的比赛，我们进步了很多，所以比拉尔多延续了上一场的出场阵容。内里守门，库奇乌夫和加雷在边路，布朗和鲁杰里在中路，“美国佬”、“切乔”和布鲁在中场，我是自由跑动，前锋是博尔吉和巴尔达诺。

保加利亚人看我们的眼神充满了恐惧，尤其是当我们在等待入场的地道里的时候，我开始跟塔塔·布朗打闹，不一会儿凑热闹的人就多了起来。我当时对布朗干了什么呢？我跳到他身上，开始发出像大猩猩一样的声音，然后我又跳下来，双手捶胸模仿大猩猩。突然，我们所有人开始像疯了一般大声唱：“加油！加油！去他的。”保加利亚人当时的脸色难看极了，好像进了一趟地狱。

这场比赛貌似我是以玩笑开了个头，但是之后我们对待比赛的态度还是非常严肃的。我在不久前得知，篮球“黄金一代”的队员们，之前做了跟我们的打闹差不多的事情。

当那场比赛的哥斯达黎加裁判贝尔尼·乌略亚示意球员进场的时候，我一边走一边对布朗说：

“是时候了，塔塔，我们会赢的。”

“放心吧，迭戈，你总是对我们说要认真比赛。”

“是的，但是这次我不是说给我们听的，我是说给对方听，你看看他们都被吓成什么样了。”

事实上，我们对保加利亚人并不了解。我们只知道约尔丹诺夫，我们只对他比较熟悉，关于其他人就没有更多的信息了。

我说到做到。在与保加利亚队比赛时，我们果然成了控制全场的人，比赛进度非常快，开场不久巴尔达诺就进了一球。如果你像我一样现在重新观看当时的比赛录像，就会发现我们当时和印第安人的踢球方法一样，盲目地跟在球后面奔跑。比拉尔多对我感到不满，因为人们说：“你看，马拉多纳自认为赢得冠军是凭借他一己之力。”但并不是这样，这个世界冠军是我们所有人共同努力赢来的，我认为自己只是锦上添花、点睛之笔，这点谁也没法否认。但是之后出现的关于“国家队水平提升要感谢比拉尔多的训练方式”这种言论是从何谈起？要知道他连训练都不让我们参加啊！

回到这场比赛，当时我们开场三分钟就以1∶0领先，可怜的保加利亚人已经吓傻了。就在这段时间内，库奇乌夫紧逼对方边线球员，成功冲破防守，扬起头来往球门中央一顶，那个动作如同加林沙当时出击巴尔达诺的头球一样，那场面太震撼了。我现在看到这个画面，觉得当时空气在半空中凝结了，就像一张照片。他跳起来的高度甚至跟门框平齐，真是不可思议的野兽，简直是足球场上的迈克尔·乔丹。

库奇乌夫简直就是一头野兽。他是这一届伟大世界杯的又一例证，因为原本上场机会微乎其微的他，最后却展现出贝肯鲍尔般的气势，并且连射门都找到了济科的感觉。

不得不说，跟保加利亚队的比赛对我们来说是一场轻松的比赛，比赛的目的只是为了小组出线，并无其他新意，因为我们没能够展示出比对抗意大利时更好的技术水平。这里面有一部分原因要怪保加利亚人，因为他们认为小比分输给我们就已经很满意了。还有一部分原因要归咎于潮湿的天气。当日最佳当属库奇乌夫的那个进球和后防线，尤其是中卫位置，布朗和鲁杰里简直让对方溃不成军。另外，在巴尔达诺身上我看到了新的配合点，因为他在找球的同时也一直在寻找我。当然还有他头球攻入的那一球也是赢得比赛的关键。

在这场比赛中，还有一人就此告别了本届世界杯，那就是博尔吉，他打了整个上半场的比赛，然后就被比拉尔多换了下去，之后再也没有上过场。这简直太遗憾了，因为博尔吉有很高的天赋，也许在这届世界杯上还没有被展现出来。比拉尔多还把“切乔”换下了场，他总是这样做，也因为如此，“切乔”非常不喜欢他。我也不喜欢比拉尔多，但是我懂得不管用什么方法，多多少少要给予他一些尊重，同样的，也要认可替换巴蒂斯塔的“巴斯克人”奥拉蒂克耶切亚和替换博尔吉的“黑子”恩里克。但是我并不知道，或者说其实我知道，这些换人不是由要上场的人而决定的。这个问题我们稍后再聊。

现在的重点就是以小组第一名的成绩出线，因为我也不喜欢险胜。幸运的是，在下半场的第三十分钟，当我们已经心不在焉的时候，我在左路拿到了球，这正是我擅长的，那动作就像现在人们所说的边锋战术一样。我们在球场中间的位置拿到了球，巴尔达诺用脚后跟回传给了加雷，然后加雷一脚长传。我拿到球，把球往对方6号球员的一侧踢过去，然后我从他的另一侧越过拿球，之后我带球直入禁区，我抬起头想看看后面有谁跟上来配合我。然后我选择把球往中间传过去，第一个冲上来的是布鲁查加，他头球攻门，和巴尔达诺的第一个进球如出一辙。布鲁这次上前接应是一个很好的信号，因为在独立队的时候他的角色就是前锋，但是在国家队的比赛中他一直被束缚着，很少冲到前面来。对于他来说，摆脱这种束缚可能还需要再花点时间和力气，但是这一切都是值得的。在我看来，整支队伍中没人能代替布鲁，他只是需要真正开始他的世界杯之旅，而在那次进球的那一刻他的世界杯之旅算是真正开始了。

我们的队伍赢得了比赛的胜利，但是真正拳头对拳头的对抗在八分之一比赛时才算正式拉开帷幕。与四年前的西班牙世界杯不同，那一次我们国家队面对的只是和巴西或意大利这类强队比赛的棘手问题，但这一次我们面对的是生死存亡的问题。

因此我再一次提议全体队员开个会，针对这一问题再次表达自己的意见。在那次的会议上，我非常直接而清晰地说出了自己的观点。

“伙计们，现在的情况是我们只要按照自己的想法去比赛，结果就很理想，不是吗？所以如果比拉尔多要求我们退回去防守，那么我们就应该上前继续进攻。我们难道是布基纳法索吗？我们要主动去赢得比赛，因为现在的局面不是你死就是我亡。如果现在我们被打败了，那之前的一切努力就付诸东流了。”

我这番话一出，连帕萨雷拉都站在我这边。博奇尼就更不用说了。当时塔塔还为比拉尔多辩护了一番，现如今我可以理解，但是我肯定塔塔也能理解我的苦心。我当时和比拉尔多一样支持他。另外，我信任布朗，信任鲁杰里，信任库奇，因为我深信我们的能力不止于此，因此我们可以稍稍冒险一搏。

我当时对一切都抱着竭尽全力的态度，无论场上场下。

给大家庭（国际足联）的美金

现在我们回头来说国际足联，回顾这三十多年来我和国际足联的往事，我认为身为球员的我们应该更加团结，更加坚定不移，要像我在墨西哥世界杯时做到的那样。这么多年以来，国际足联的人多次试图收买我，甚至在阿根廷足联成立百年纪念活动上，他们还给我颁发了一块奖牌，本来奖牌如果是跟足球有关，当然是件好事，但是仅此而已，不要牵扯到政治上！但是他们却想用这块奖牌收买我。那是在1993年，我们国家队在拉普拉塔河球场与丹麦队进行比赛，之后在纪念碑球场与巴西队进行比赛。之后我就被授予“史上最佳球员”的称号并颁发了奖牌，之后我被带到一间房间，阿维兰热要跟我见面。布拉特当时也在场。他们对我说：

“亲爱的迭戈，我们希望你能成为我们国际足联这个大家庭的一员。”

“先生们，很感谢邀请，但是我只能拒绝这个邀请，因为我已经有自己的家庭。”

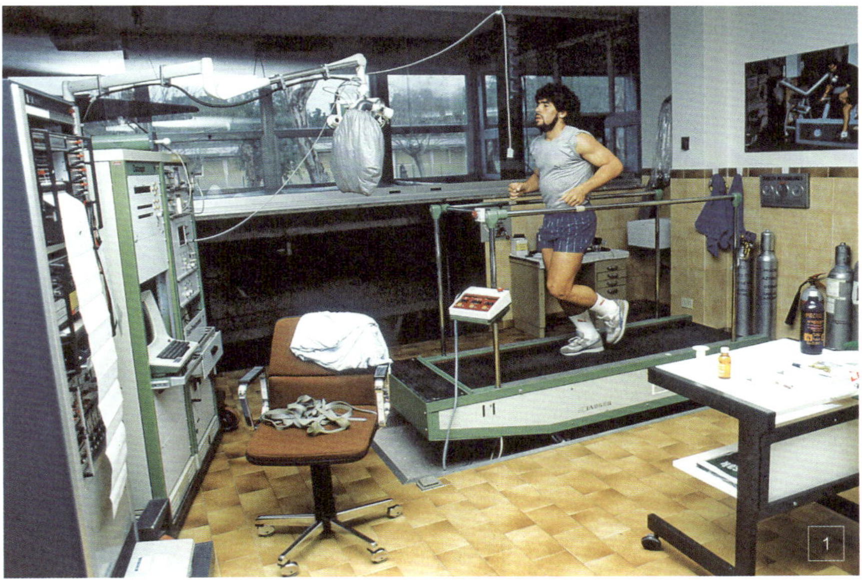

© Revista El Gráfico

1. 距离世界杯还有三个月，我开始跟随达尔蒙特教授进行恢复训练。每周一我都要飞往他位于罗马的诊所。当时我针对性地做了康复治疗，因为我把国家队的比赛放在首位。因此，当我到达墨西哥的时候，我的身体状态可以打满分！我甚至能飞起来！

2. 在巴兰基亚，我们打了一场友谊赛。那场比赛打成了平局。但是这场比赛对我们来说意义重大，因为从那时候开始，我们萌生了应该回到墨西哥训练基地的想法。在那儿，我们召开了一次会议，在那次会议上，一支冠军球队就此诞生。

© Revista El Gráfico

3. 在美洲训练基地，比拉尔多不想让我们训练。一天，我去总务室想向他们要一个足球。他们不敢给我，因为所有人都害怕比拉尔多。我最后还是拿到了球，然后我组织了一场小型比赛。我们在夺冠之后回到了当时的训练场，静静地绕场一周。只有我们球员。

4

© Revista El Gráfico

4. 当时《阿根廷体育画报》想让我们戴上墨西哥大檐帽拍摄杂志的封面。当天，我感觉到自己是一个真正的队长，而帕萨雷拉却面如死灰。我当时觉得要照就要好好照，要让自己看上去像个队长。于是我选了一项芥末黄的帽子，因为那是博卡队的颜色。帕萨雷拉当时不太想大笑，因为他说如果大笑的话他就会露出不整齐的牙齿。

5. 拍完照片之后，帕萨雷拉就离开了。他不想留下来聊天，因此他借口下午还有训练就先走了。其实那天我们的时间很充裕，只是他不想留下来而已。

6. 帕萨雷拉几乎不怎么参加训练。之后不久他就得了蒙特祖玛的病症，天知道怎么会这样。就在我们与韩国队的世界杯首秀之前，他上演了那么一出退赛的闹剧。天哪！幸亏我们有塔塔·布朗。当时没人信任布朗的能力，但是我却对他很有信心。

7. 请大家好好看看当时国家队全体成员的合影。当年我们连球衣都不统一。当时队伍里什么样的人都有，巨星不多，但是所有人都关系融洽，每个人都能说出自己的想法。我们可以为了任何事情召开会议讨论。

8. 我的老父亲，世界上最伟大的父亲。我的家人当中，只有他一人飞抵墨西哥观看世界杯，因为我想要全身心投入到比赛当中。在世界杯之前就跟我说最喜欢的球队是西德队的人，他就是头一个。因此你们就能理解，当我们到了决赛的前夕，我怎么能不记得他的这番话呢？

9. 现在都在说均衡饮食。什么营养不营养的！我就是喜欢卡尔曼多的意大利面和我父亲的烤肉。烤肉就像仪式，当时我们就在训练场地的边上大摆烤肉宴席。

10. 三十年前根本没有手机这种东西！在训练基地只有一部电话机，我们打电话都要排队。当时帕萨雷拉给意大利打的那些电话掀起了不小的风波。照片上的我正在打电话，而“巴斯克人”奥拉蒂克耶切亚正在等待。他真是个好手！

11. 装备室是训练基地里我最喜欢去的地方之一。在那儿，我们会一起喝上一杯马黛茶，照片里有蒂托·本罗斯，有内里，还有所有的伙伴们。

12. 我们在赛前的一个小传统就是在比赛前一天一定要去趟购物中心，在海伦冰淇淋店里吃上一个冰淇淋。

13. 比赛结束后，我们也一定要去克雷马斯科的餐厅大吃一顿，这也是我们的传统。照片中“加林德斯”正在表演。

14. 这是我最喜欢的一张照片，我家里贴着这张照片的海报。巴尔达诺曾对我说，每次我拿球做小游戏的时候，就好像在和球做爱。这种感觉确实存在。当我在世界杯上比赛的时候，我就感觉自己还是一名少年。

15. 一开始并没有多少记者来到基地，但随着我们在世界杯上慢慢前进，来采访的记者也渐渐多了起来。新闻发布会？想也没想过。有一天我让记者们站在铁丝网的那一侧，然后我接受了采访，当时我还身穿意大利的队服，那是和巴尼交换来的队服。你们想象一下当时的感觉。

16. 看这张照片，韩国人对我真是下了狠手！他们是在打跆拳道，不是在踢足球。我现在回看这场比赛，还是能感觉到当时那种钻心的疼痛。当时我腿上的绷带缠得很紧，就在球袜的上方。但是韩国队员对我犯规的位置让你想都想不到。对阵韩国队，因为是首场比赛，因此赢球才是至关重要的事。你们想象一下，如果当时我们连韩国人都打不过，那么舆论会怎样批评我们！可能连杀了我们的心都有。因此，快速解决战斗才是正确的选择。“大头”鲁杰里在那场球赛中踢进了精彩的一球，从此展示出他在那届世界杯上的天赋。

© Revista El Gráfico

© Corbis

17、18. 意大利守门员加利看上去就像一个木偶，不能动弹。其实这球的失误在于希雷亚。我射门的命中率是百分之五十，不多不少，正好一半的命中率。我想说的是，如果我有机会重新踢那些球，效果应该还是一样的，我会为那一半射失的球感到痛心，也会为另一半踢进的球欢呼庆祝。对阵意大利那场比赛我打进的那一球是我足球生涯中最精彩的进球，也是在破门后最让我感到兴奋的进球。

19. 少谈论比拉尔多的战术，多谈谈组成队伍的球员。我这样说是为了让大家了解，我并没有在政府给我打电话想让比拉尔多下课的时候背叛过他，但是他却在多年之后背叛了我。几乎正是三十年之后。

20. 打败保加利亚人就像是必经的手续，赢了那场比赛我们就以小组不败的战绩顺利出线了。照片上我紧握双拳，走向更衣室，那种感觉好极了！我身后是埃切瓦里亚教练，一个能人，一个怪物，一个对于教练组来说不可或缺的人物。

“但是迭戈你看，为国际足联工作还有额外的工资。”

“谢谢，但是我不需要。先生们，我觉得你们弄错了，我的唯一工作就是踢球，光是踢球我的收入也很可观，而且我很擅长这份本职工作。”

当我从那个房间里出来的时候，格隆多纳在等我。

“迭戈，到底怎么了？”

“没事，胡里奥，什么也没发生。”

事实上，到现如今什么事都没有。所以我说球员们自身要更加意志坚定，要做到我当时那样。当然，一直以来有很多球员都很坚定，数量还不少，而且很多事值得我们这样做。这里面就有迪迪埃·德罗巴，他就像一头野兽，把斗争带到了球场之外的地方。如果你知道他在科特迪瓦所做的一切，一定会对他由衷地佩服。这就是把足球用在了对的地方，而不像那些官员，把足球用在了错的地方。德罗巴用足球将他国家的人民团结在一起，这几乎让政客们想要杀了他。我还要提到罗马里奥，他投身到政治事业当中，然后又站在他的位置维护足球运动，比如他在巴西世界杯之前痛斥所有的腐败官员，他对这些想利用足球中饱私囊的蛀虫深恶痛绝。说到这里，还有一个斗士不得不提，他就是赫里斯托·斯托伊奇科夫，与我一样，他这一生都在与恶势力斗争。

但是也有人脱下了球衣，打起了领带。这个人恰恰就是普拉蒂尼，没错，就是他，最恶劣的人。三十年前，我就看出这个法国人身上散发着浓浓的香水味，官腔十足。他到底是什么样的人呢？可以说他一直是个两面派，一方面他和足联的官员们喝香槟、吃鱼子酱，把酒言欢；另一方面，他又提出身为球员我们应该举起自己的旗帜，该罢工时就罢工。他就是这样，两面派，或者说，两边他都不想得罪。

也正因为如此，我想要在球场上战胜普拉蒂尼，我想在墨西哥世界杯上向世人证明到底谁才是最好的球员。普拉蒂尼与我之间一直存在着竞争，不仅因为我们两个都是10号球员，更是因为虽然我们都身披10号球衣，但是又是那么的不同。之后在足球的赛场上，跟我们一同竞技的还有济科、鲁梅尼格，还可以算上劳德鲁普，不过这小子相对太年轻了。济科可以说是一个不得了的人物，他会邀请你去他家做客，跟你开玩笑，把他的两个孩子介绍给你认识。但是普拉蒂尼正好相反，你对他根本不了解，更别说认识他的孩子、妻子，甚至情人了，再夸张点说，他把见不得人的钱存在哪家银行就更不可能让你知道了。

现在想来，我情愿当时接受了国际足联的工作，但并不是加入阿维兰热或者布拉特当年所谓的国际足联大家庭。我绝不会加入他们当中。“大家庭”这个说法让我觉得跟黑手党差不多，而这正是国际足联的真面目。我希望加入的是一个截然不同的国际足联，在那个足联当中，如果我出门吃饭，不需要用足联的卡去付账。因为如果那样的话，就意味着我在用应该花在足球运动上的钱去跟自己的朋友吃饭了，这简直是一种偷窃行为。而这正是国际足联一直以来都在做的勾当，我希望他们能停止这种行径。难道我们所有人都疯了吗？这些领导人发话说，我们这些球员出身的人因为没有当过领导所以不懂得领导的艺术。但是，领导的艺术我们要从谁的身上才能学到？当时布拉特选择了普拉蒂尼来当他的接班人，就像一个老鞋匠选了一个小伙子当徒弟一样，但是布拉特教给普拉蒂尼的不是怎么去当个合格的领导人，而是所有偷鸡摸狗的伎俩。

国际足联有很多方面都需要做出改变，各个联赛也一样，就比如兴奋剂控制这件事，由于我最近就遇到了这个问题，因此比起其他话题我更愿意谈论这个话题。你们知道对于反兴奋剂到底应该怎么做吗？在这个问题上，相比处罚更应该做的是预防。要做到最严格的预防措施，而且不能让任何人干预其中，尤其是大品牌，他们会强加干涉，以免兴奋剂丑闻毁了他们代言人的职业生涯。但是这种行为并不是正确的预防措施，而是一种隐瞒。正确的做法不是在第一次检测呈阳性的结果出来时就对运动员进行制裁，第二次阳性也不需要制裁。如果这个运动员一犯再犯，就应该强制他去治疗，而不是将其禁赛。如果这个球员已经不合适继续踢球，那至少还应该拯救他的生命。如果不能让他重新做回球员，至少给他个机会让他重新做人。

还有一件需要改变的事，就是每次只要有两个世界杯候选举办地就可以了。两个足矣。难道没有人发现选择太多的话只是为了分担更多的选票，然后给赌场庄家更多的盈利？从现在开始，希望足联能够认真审视这些问题，然后只要选出下一届世界杯举办地就可以了。

但是就国际足联最近一次选举看来，他们想要改变的决心微乎其微。詹尼·因凡蒂诺从一个“欧洲对阵抽签者”成了新一任国际足联主席。他的老领导布拉特丑闻缠身这件事对他来说毫无影响。直白点说，布拉特简直是身陷囹圄。然而这件事丝毫没有影响到因凡蒂诺，因为上面那些人根本不在乎足球这项运动。我想问问负责整个调查的官员们:“你们难道不应该也调查一下因凡蒂诺吗？我想提醒你们，在过去九年间，他一直都是普拉蒂尼的助理啊。”

第六章

在墨西哥穿越拉普拉塔河

阿根廷 1：乌拉圭 0

6 月 16 日，周一，普埃布拉

在对阵乌拉圭的比赛中，我贡献了那届世界杯上的最佳表现。首先，我完全靠自己打败了出现在我面前的每一个乌拉圭人。在他们的半场正中间，没有人能防得住我，他们根本看不到我。我记得有一次在换人的时候我和对方的“瘦子”弗朗切斯科利擦肩而过，不记得是换他下场还是换我下场，但是我清楚地听见他对队友说：“大家听好了，一定要抓住马拉多纳，即使是拽他的衣服也要这样做！这个浑蛋。”当时就是这样。恩佐，真是个人物。在当年，我们两个的关系其实不错，但是那场比赛是阿根廷对阵乌拉圭，对于我俩来说就是一个阿根廷人和一个乌拉圭人之间的战斗，双方都咬紧了牙关，绝不放水。

乌拉圭人不愧是乌拉圭人

在之前的比赛中，乌拉圭的成绩并不理想，一路跌跌撞撞闯进了八分之一决赛。在世界杯的第一场比赛中，他们对战西德，那是一场精彩的比赛。后来乌拉圭遇到了丹麦队，被对方打得溃不成军。当时丹麦队里面有拉尔森，我对他很熟悉，因为他在意甲的维罗纳队效力；还有劳德鲁普，当时他还只是个二十二岁的毛头小伙，但是在尤文图斯队已经能独当一面；还有莫滕·奥尔森，他是一个非常厉害的防守队员；还有索伦·勒尔比，“瘦子”梅诺蒂说过这个人将会成为世界杯上的风云人物。那是多么强大的一支队伍啊！正是这支队伍在小组赛第二轮对乌拉圭进行了疯狂打击，狂灌乌拉圭六球，六个进球！但是，乌拉圭作为小组赛第三名中成绩较高的队伍仍然出线了，当时以两球的净胜球险胜匈牙利队。他们和苏格兰队的比赛是我们去现场观赛的为数不多的比赛之一，因为那场比赛举办场地在内萨城，距离墨城不远。

当时我们也进入了八分之一决赛，因此我们确实应该看看别人的比赛，以此来了解我们的对手都处于什么状态。

我认为作为拉丁美洲的队伍，我们比其他队伍能更快适应各种不利因素，例如海拔、天气，还有球场。我们比任何人都适应得更快更好。和丹麦队一同乘坐飞机前来比赛的还有巴西队，这两支球队在世界杯预选赛阶段都一分未失。巴西队的领军人物是特雷·桑塔纳，球员也都很厉害：济科、苏格拉底、卡雷卡、阿莱芒、儒尼奥尔等。当时巴西队首先在小组赛中打败了西班牙队，当然了，那支西班牙队和后来的西班牙队不可相提并论。之后他们又遇到了阿尔及利亚队，虽然阿尔及利亚队中有几个像拉巴赫·马杰尔和贝卢米这样脚法优秀的球员，但是巴西队还是艰难地获胜了。后来巴西队轻松地以2∶0战胜了北爱尔兰，那两球都是我的朋友卡雷卡打进的，当然那时我和卡雷卡还不是朋友。对于当时的舆论来说，巴西队几乎就是决赛冠军。对于我们来说，这也是件好事，因为我们不希望被寄予厚望。

墨西哥作为东道主球队，拥有像乌戈·桑切斯这样日后成为皇马标志性人物的球员，但是他们为了小组出线也吃了一番苦头。我认为没有任何球员比乌戈更能代表墨西哥了，但是作为东道主的球员，他在小组赛中也是一路艰难跋涉。墨西哥队的教练是博拉，也就是“疯子”米卢蒂诺维奇，是个人物。他们所在的小组中出线队伍还包括乌拉圭（另一支拉美队伍）和比利时，后者也是一路披荆斩棘，冲破重重障碍才得以出线。

当时小组出线的还有苏联队。他们拥有非常厉害的前锋达萨耶夫和前卫别拉诺夫。这两个人像疯了一样不停地冲向前场进攻。在小组中，苏联队的排名高于法国队。法国队可不只有普拉蒂尼，绝对不是。他们还有阿莫罗、蒂加纳、吉雷瑟、路易·费尔南德斯、帕潘等优秀球员。但是法国队的出线之旅可谓非常艰难。

相比较而言，我们队一路走来非常顺利，简直不能再顺了。在开场秀3∶0打败了韩国人之后，我们1∶1与意大利队打成平局，虽说是平局，但是整场比赛我们的表现非常抢眼。之后在小组赛最后一场比赛中对阵保加利亚队，我们把对方打得毫无还击之力，虽然最后的比分只有2∶0，但是我们在比赛中一直保持强劲的攻势，这让我很激动。我想要打败所有队伍，超过所有人。

最后我们在A组共取得五分，一局未失，保持不败的战绩，最后以小组第一名出线。我们一共踢进了六球，只被对手踢进了两球，仅此而已。

我们对阵乌拉圭队的阵容如下：后场是蓬皮多、库奇乌夫、布朗、鲁杰里、加雷；中场是布鲁查加、巴蒂斯塔和我；前场是巴尔达诺和帕斯库利。这是一个值得被铭记的阵容，因为这也是这个阵容的最后一次登场。我记得我一边把名单传给同伴们，一边对他们说：“伙计们，不要给自己太大压力，不需要。对方确实有非常优秀的球员，他们会竭尽全力打败我们。我们一定要非常专注于这场比赛，一定要投入进去，因为到目前为止我们还不算赢。”

但是请注意，我对自己的球队信心十足。在与意大利队的比赛结束之后，我尤其相信这支队伍会走得更远。但乌拉圭人就是乌拉圭人，他们本性难改。我记起了1979年在蒙得维的亚举行的南美洲青年杯的比赛，之后是在日本的那届世界杯比赛。在蒙得维的亚的时候，我们输给了乌拉圭，最后他们夺得了冠军。首先我们在比赛的第一阶段就输掉了比赛，然后我们又在决赛当中狭路相逢，但是最终我们还是以0：1输掉了决赛。在日本的那届世界杯非常惨烈，我们被对方暴力对待，但是最终赢得比赛的是我们。后来我们还进入了决赛。我对那场比赛记忆犹新，因为当时的场面实在是太惨烈了。他们简直是暴力之极！那场比赛中，他们的前锋是阿尔维斯，还有博西奥、巴里奥斯。当然还有鲁本·帕斯，我在球场上用球技对他还以颜色。他们这些人，正是我们这次在墨西哥世界杯上要再次相遇的对手。和乌拉圭队的每一场比赛都是一场经典战役，没有时间和空间之分。

一场4：0的比赛

从墨城阿兹特克球场附近的训练基地，到我们与意大利队比赛的城市普埃布拉，全程一百五十公里，我们乘坐小巴用了不到两个小时。这段行程对我们来说已经非常熟悉，也已经成为我们的一种仪式。每个人都知道自己应该坐在哪个位置上。中途我们还会不断地嬉戏打闹。

我记得巴尔达诺一路上都靠着窗子往外眺望，因为一路上我们看到的风景都各有特色。有时候能看到几幢非常华丽的房子，有时候又会看到很破败的村屋，穷人坐在小土路上，自己剪头发。两个小时不到的旅程，我们好像游览了整个墨西哥。

我不知道那里的一切现在成了什么样，但是有一天，我在电视上看到夸乌特莫克球场重新开幕，并且博卡青年队正好在开幕式上进行表演赛，那时我几乎认不出这个地方了。三十年前，它只是一个能容纳三万人的球场，而且在我们和乌拉圭队比赛的当天球场还没有坐满。更确切地说，球场里基本上被分为了两派，阿根廷人比乌拉圭人多一些，所以当时我们还没有感受到后来来自墨西哥观众的敌意。当时有很多阿根廷球迷来到墨西哥。还能看到博卡队的横幅，只要有博卡队的球迷，就少不了“姥爷”的身影。这些球迷来到训练基地看我们，但是从来没有跨进过训练基地大门，从来没有。

我记得有一次，我们像往常一样要离开训练基地去购物中心逛逛，球迷们就聚集在大门外，其中有“姥爷”和另外几个博卡队的球迷。他们向我们讨一些钱，当时他们在墨西哥找了个房子住下，我也不知道在哪儿。这些事我都跟队员们说了，讨论结果就是什么都不要给，最后我们确实没有给他们任何东西。我觉得当时还有一些球迷，总共大概不超过五十人。对于我们球员而言，这些球迷从来没有给我们找过麻烦，我觉得他们应该也没有打扰过大众。我能知道什么呢，那都是遥远的事了。

我脑海中挥之不去的还有那一年的酷热，我们每一场比赛都遇上了闷热无比的天气，最后的决赛因为一场暴雨延迟了一会儿。但是对于决赛，我记得更多的是双方精彩的进球。

让我们再次回到与乌拉圭队的这场比赛上来。这也是我第一次回顾这场比赛，只是为了再次确认我的心中所想：如果当时我们不能得到四五个进球良机的话，我就不叫迭戈·阿曼多·马拉多纳。虽然在比赛最后几分钟对方给我们制造了不少麻烦，但是主要是因为我们自己的疏忽。但是这场比赛的比分注定是4∶0，或者说，至少要踢成4∶1。

看看吧，看看就知道了……

我们来看看，谁是我们队右路的边锋？是的，是库奇乌夫。但他又为什么会在下半场的时候出现在左路呢？你知道我在说什么吗？我们重新回看这场比赛的第一个球，库奇乌夫从右路拿到了球，然后就往左边带去了。难道当时我们不按照阵型在胡乱踢球吗？

确实如此。库奇乌夫的职责是去防守弗朗切斯科利，因此他一直盯着对方。另外一边，加雷的任务更多的是接应传球，然后组织进攻。"切乔"和朱斯蒂负责中场。我、布鲁、巴尔达诺和帕斯库利则在整场跑动。我们四个当中任意一个都可以成为一次进攻的射手。在后防线上，倚靠着"大头"鲁杰里和塔塔·布朗的智慧，我们竖起了一道防守墙。多亏了他们这道防线，让我们多次化险为夷。

看看"大头"当时的样子你就心知肚明了。看看他的速度、他的胆识，还有他当时的身体状态。就这样经历了一场又一场的比赛之后，我们对自己的信心与日俱增。现如今，每当我回过头来看这些比赛，我都意识到当时我一步也没有踏错，一次也没有。

那是一场被谈论太多的比赛。当然了，阿根廷对阵乌拉圭，这可以想象。另外，对方穿着锋利的钉鞋上场。不过那并不是一场血腥的比赛，绝不能这么说。有传闻说在比赛开始前，不知是巴里奥斯还是博西奥走到我身边对我说让我放心去比赛，因为他们不会针对我使用暴力。根本没有这回事，没人对我说过这样的话，因为这种话完全违背了乌拉圭队员的本意。他们跟我在场上产生很多摩擦，不过都在正常范围之内。好几次他们都针对我，乌拉圭人想做就做。如果他们踢到我的脚踝，那是真的踢了一脚，那一脚会很疼，还有人会踩你，乌拉圭人不会来虚的，对付你就直接上手，都是面对面的较量。

乌拉圭派出了巴里奥斯来防守我，当然他们也可以派博西奥来防守，但是最后的名单显示是巴里奥斯。而我所做的就是在球场上尽可能摆脱他。我把他晃到左路，又晃到右路，最后在我擅长的几次左路进攻中，他不得不使出飞铲试图让我停下来。

在比赛开始五分钟之后，我的表现就充分说明了最佳的进攻路线在左路。当时有一球我是在右路拿到的，但是结果踢中了广告牌。后来又有一球从左路突破，巴里奥斯一路跟着我，后来我选择了我所擅长的左路边锋打法，紧贴着底线和防守球员对抗，我用速度摆脱了对方，一路护着球，看似随意，但是却充满力量。那一球最后罚了角球，但这是一个很好的信号。巴里奥斯的块头很大，比我高出许多，但是我一旦提速突破他，他是没办法抓住我的。

随即我们迎来了第一次极具威胁的进攻。阿尔维斯从球门处一脚长传，“切乔”回防，皮球越过了古铁雷斯，我拿到球选择了左路，几乎在出底线的时候我选择往中间传球给巴尔达诺，因为我看到他从后面跟进到位。巴尔达诺几乎飞了起来，但还是没有碰到球。在我看来那是那次比赛的第一个好球，值得记下来。那次离进球就差那么一点点，像这样的机会还有好多次。

巴尔达诺几乎就是场上的自由人，什么位置都能及时补上，有时候是前锋，有时候是后卫。他之前和我一样，在面对比拉尔多派和梅诺蒂派之争时选择了放下一切，身披阿根廷国家队队服代表国家出战。

整个上半场，乌拉圭队没有任何射门机会。对方的中场是拉莫斯，内里应对得很轻松。在巴尔达诺错失进球机会十分钟后，我也差点就进球了。那是一个任意球，我一脚开出正好打在横梁上。我很享受一脚将皮球痛快踢出的感觉。当你享受这种感觉时，根本不需要去看球到底被踢到哪里去了，因为在你踢出去的一瞬间，你就会知道到底能不能进球。我的那一脚射门离进球只有几厘米之差，非常可惜。

进球的秘诀就在于不要让脚过早离开皮球，应该尽量把射门的这一脚时间延长。因为如果时间过短，皮球就不知道该朝哪个方向奔去。当我还是阿根廷队的教练时，有一次我跟梅西就好好地解释了这个理论。不相信的人可以去问费尔南多·西尼奥里尼，他在他的书中就正好写到了这一片段，那时我们在马赛，他也在场。那一次是在与法国队的热身赛上，梅西获得了任意球的机会，场上还有马斯切拉诺等人。里奥发出任意球，球射偏了。他非常沮丧，因为谁也不想失去任何一个进球的机会，然后他就准备往更衣室走。这时候费尔南多抓住了里奥，对他说："难道你因为没踢进这一球就要走了吗？"然后里奥就回来了。我把这一切都看在眼里，然后里奥走到我这边，我拍拍他，用脚摆出了一个射门的姿势，然后把我的理论解释给他听，没过多久，梅西就进球了。

在普埃布拉的那个下午，我的球仅差两厘米就入网了，当时我真应该让我的脚在皮球上再多停留一秒钟才对。

刚才提到的是两个绝佳的进球机会，接下来还有更多。

比赛继续进行着，我们的队伍表现得越来越好。在整个世界杯期间我们都是这样，每过去一分钟，我们都变得更好一点。当时我觉得有点气胸，而且穿的短裤太小，连我女儿达尔玛都穿不进去。现在都穿衬裤踢球了。这些都是细节。时间过得这么快，我有时候真得好好回忆一番才能记起一些事情。当然了，毕竟已经过去三十年了。

试探性的上半场过去了，巴里奥斯终于第一次对我使用了暴力。他从下方向我飞铲过来，一只手打在我脸上。我再一次得到了任意球的机会，但是这次我也没有把握好，踢得太高了。后来巴里奥斯过来轻轻拍了拍我，向我道歉。这件事就算过去了，我们还是比较有礼有节的。

当然后面也有几次比较粗暴的交锋，在连续两次犯规之后，加雷被换下了场。一次是弗朗切斯科利拿到了球，加雷把他铲倒了。紧接着一分钟之后，同样的事情又发生了。阿尼奥林给了他一张黄牌，就是这张黄牌让加雷失去了参加下一场比赛的资格，当然，前提是我们还有下一场比赛，因为当时的比分仍然是0∶0。

但是有时候上天的安排就是如此微妙，如果加雷没有得黄牌，那么“巴斯克人”奥拉蒂克耶切亚就不会有上场的机会。通过这场比赛，我们才发现队里的利剑都坐在板凳席上。这已经是决赛阶段的第八轮比赛，“巴斯克人”一次都没有首发出场过，因此他是真正处于蓄势待发的状态。

上半场最后几分钟，奥拉蒂克耶切亚有一次从左边路的突破，然后古铁雷斯接球几乎在一对一挑战阿尔维斯的时候破门。当时“切乔”、“大头”和塔塔已经跑到相应位置回防，这倒不是因为乌拉圭人到达我们的禁区，他们根本没有这个能力，那都是因为我们这些队员都是有预判的。现在就只差进球了。当然，这一刻也到来了。

上半场第四十二分钟时，我们感觉前半场就要这样过去了，于是我们从底线发球，我两次面对巴里奥斯的防守都摆脱了对方，我想把球传给“切乔”，我找到他，在快要倒地时，看到他把空间腾出来让给布鲁查加。布鲁把球踢向空中，球从巴尔达诺身上弹开，可怜的阿塞维多带球向前跑，而后又把球传往中路。那一脚助攻是帕斯库利得到的最好的一脚助攻。帕斯库利甚至没问是谁给他传了这么精妙的一球，他选择往球门的右边射门，皮球踢进了阿尔维斯把守的大门另一侧。说实话，这粒进球是我们应得的，因为这已经是我们第三次极具威胁的射门了，这一次无论如何都应该进球了。

我为帕斯库利感到高兴，我当时说应该买下他，当时只要十二万美金就能买下这个球员啊！记得买下帕斯库利时，我和阿根廷青年人队的教练米格尔·安赫尔·洛佩兹一起给了圣菲科隆队大约二十张支票，每张支票面额一万五千比索……当然对于这粒进球，帕斯库利自己的感受应该更为特别。他当时跟我住一间房，我亲眼看到他享受世界杯的一切，也深受折磨，因为在这场比赛之后，比拉尔多就没再让他上场了。我当时深深为佩德罗感到难过。当然了，如果比拉尔多不做这个换人的决定，那么我就要为“黑子”恩里克感到难过了，因为他要是上不了场，就得回家。“黑子”也有自己的特点。于我而言，说真的，他能出现在名单当中一点也不奇怪，当时有很多人都觉得无法理解，但是我能理解。我知道他是一个很勇猛的球员，他有能力跟球队中的其他队员配合起来，虽然他当时只代表国家队踢过一场比赛。最终，他证明了自己在球队中的重要性，因为他在全场的任何位置都可以救火。当然了，比拉尔多谈到这件事总说这是工作安排，他几乎从没有安排过“黑子”上场。他把“黑子”带到法国土伦，但是也没用他。之后，比拉尔多就突然把“黑子”放到了国家队名单当中。最后世界杯结束时，对于很多人来说，“黑子”成了整届世界杯上最惊喜的发现。在那场和乌拉圭队的比赛中，比拉尔多在中场休息时让“黑子”和奥拉蒂克耶切亚一起在更衣室热身，但是最后他让奥拉蒂克耶切亚上场了，而没让“黑子”上场。这件事是恩里克上个圣诞节在我家一起过节时亲口对我说的。他说教练让他热身，但从来没让他上场。当时，比拉尔多让奥拉蒂克耶切亚到场边去看看情况，之后就派他上了场，而他自己只是热了个身而已，最后也没有得到上场的机会。因此他根本想象不到他能踢后面的比赛，当然前提是我们在这一场获胜。他自然更不可能想到在世界杯接下来的日子他会怎样度过……

另一个更大的发现是塔塔·布朗，尤其是鉴于他肩负替换“恺撒”的压力，因为当时帕萨雷拉已经不在名单上了。塔塔的表现令人惊艳，他在场上表现得像一个将帅，很有领导风范。当球到了他的脚下，你会发现，这正是他这辈子最擅长的事。我认为在那次世界杯上他达到了他职业生涯的巅峰，他在世界杯决赛赛场上创造了自己的奇迹。有一些球员就是为世界杯而生的，就好比另一些球员在各自的俱乐部或者在世界杯预选赛的赛场上都展现了无与伦比的足球天赋，但是到了世界杯决赛阶段就星光立减，黯然失色了。

在与乌拉圭队比赛的下半场，我开始了我的表演。刚一开场，我就加快了进攻的节奏。阿尼奥林判了我一个飞铲犯规，但其实并不是。紧接着两分钟之后，我们打了一个防守反击，我在右翼的位置接应。朱斯蒂一脚长传给我，我面前是对方的古铁雷斯，我带球晃过了他。之后博西奥上前盯防我，我越过了他。我说过那个球是我的表演。我从右路一路向前，一边调整身体一边用左脚盘球，以免丢球或者摔倒。因为如果当时用右脚带球，对方球员就很有可能先拿到球。但是如果用左脚盘球的方式带球，你就自己开辟了一个空间，对方防守队员或者守门员都碰不到球。这就好比你为自己赢得了有利位置。

现在这个技术动作被称为“方向控制”，但实际上这个技术早就存在了。

后来，我将球传出，球避开了对方守门员阿尔维斯，帕斯库利当时直接面对球门。但是他没碰到球，皮球直直地顺着远处的球门杆滑出底线。这又是一个势在必进的机会，但还是没有进球。到那时为止，除了帕斯库利的进球之外，我们已经三次错失良机。第一次是巴尔达诺的头球，第二次是我的任意球，这是第三次。

像这样的机会，在下半场比赛中还有很多次。

对方开始更加暴力

对方的弗朗切斯科利后来也发出了一记任意球，这一球很有威胁，让我们的内里出了一身冷汗。随后我们又迎来了一个进球良机。我在中场拿球，晃过了巴里奥斯，但我已经失去了平衡，在倒下的同时我把球传给了帕斯库利，他正从左路插上。之后他往中线传球给从后方跟进的布鲁。这是布鲁第二次射门，但球还是偏了一点。这是我们第四次与进球擦肩而过。

当时，我们全队每个人都充满信心，甚至连“美国佬”朱斯蒂也在场下做点小动作。他把球踢向看台，甚至在我要罚任意球之前他把球踢得老远，然后人跑走了。我对他喊道:“你这辈子别想在球场上跟我一起踢出任意球！臭‘美国佬’！”

接下来的比赛中，我更多次选择从左路突破进攻，这让博西奥很难防住我。我当时不太想打防守反击战术，实际上我们确实也没有过多采用这个战术。我们更多时候都在压着对方的半场，保持进攻势头，每一次进攻都让我们的信心又增加了一些。布鲁传出了一记精妙的传球，又给我制造了一次射门机会。那是一脚强有力的射门，位置偏远，对方阿尔维斯拿到了球。虽然不是特别危险的射门，但也可以算一次不错的进攻。到下半场进行到第十五分钟为止，我们已经完全占据了上风。

当时的我们并不是一支小心谨慎的队伍，因为我们并不想采取保守战术。相反，乌拉圭显得小心翼翼，因为如果他们输掉了这场比赛就意味着要被淘汰了。如果你像我现在这样，在三十年过去后回顾这场比赛的录像，你就会发现当时的场上是我们主动去找对方踢球。你会看到我当时是怎样努力让我们这个队伍一点点重振旗鼓，重拾信心的。你也会看到我们这些球员在场地中央聚集在一起，团结一致，因为我们相信自己能够赢得比赛。“切乔”和布鲁的任务是牵制对方的注意力而后得球。我们就应该这样做，因为我们在中场的人数众多。后面的一场比赛中，由于换下了佩德罗，换上了恩里克，这个战术就显得更加清晰。可以说正是得益于对中场的控制，我们开启了世界杯夺冠的道路。

也就是从那时候开始，乌拉圭人在场上变得更加暴力起来。巴里奥斯负责盯防我和帕斯库利。而裁判阿尼奥林呢，在对加雷和布朗进行过犯规的处罚之后就开始和稀泥。对方在一分钟之内把我放倒了两次，他却什么表示也没有。当然，乌拉圭人对我的犯规没有韩国人那么暴力，但是他们在下半场的犯规也确实不少。我感觉到身上有不少地方有些疼痛，但是最疼的不是脚踝，也不是膝盖，而是我的背。幸好我有卡尔曼多，他真是一个神奇的存在，他的双手简直有魔力。赛前赛后他都会给我按摩，甚至在更衣室他给我按摩的时候，我舒服得都能睡着，不管是多么重要的比赛，他总是能让我完全放松下来。他使用的按摩膏很奇怪，是一种泥状膏体，但是他从没告诉我里面成分是什么，我也从来不过问。

回到比赛。随后乌拉圭队换下了阿塞维多，换上鲁本·帕斯，所有人都认为帕斯会给我们制造一些麻烦。但是当时的情况完全不是这样。他确实有一两次从左路进行了突破，不过都没有成功达到禁区。一次也没有。

真正给对方造成威胁的人是我们这一方。有一次，我们得到机会从中场发起进攻。如果回顾整届世界杯比赛，我还能找到很多次类似的进攻：一开始从中场开始加速，皮球从中线被传到前场，对方毫无反应能力。中间如果存在几次短传，那就是每次进攻的特点了。那一球我先传给巴尔达诺，他从右边赶上来，直面阿尔维斯。巴尔达诺一脚有力的射门，被后卫们挡了出来，皮球正好弹到我脚下，对方的古铁雷斯上来封堵。我用侧脚背把球轻轻一带晃过了他，然后轻推入网。

然而阿尼奥林竟然判进球无效。他判我犯规在先！根本不存在什么犯规。我那一脚根本没有铲到古铁雷斯。随即我就用意大利语向阿尼奥林提出抗议。巧合的是，在之后的意大利联赛冠军争夺战中，我又与阿尼奥林狭路相逢。那次比赛是那不勒斯对战罗马，我记得很清楚。在那场比赛中我走向阿尼奥林，对他说：

“你当时判我进球无效，简直是小偷的行为！”

“你知道吗，迭戈，后来我回看了比赛，发现你是对的。”他回答道。

听到他这样说，我不禁向他吼道：“你现在说这话又有什么用啊！滚蛋！”

“我当时以为是你犯规在先，先抬脚了。但是并不是，你就是正常的防守动作。”

我从没有把脚抬高过。那一球真是太可惜了。我们本可以提前锁定胜局。我就不再继续数到底我们浪费了多少个进球机会了。

我继续向阿尼奥林抗议，甚至以我全家人的名义发誓我没有抬脚犯规。与此同时，我们又制造了一些有威胁性的射门。布鲁查加从中路精准传球，然后巴尔达诺从另一侧头球攻门，但是皮球被古铁雷斯挡了出来。那时候我还继续在跟裁判表示抗议。

距离比赛结束还有十五分钟，所谓的乌拉圭风暴没等来，倒是等来了真正的暴风雨。那场雨下得也太大了！首先是刮起了大风，随后瓢泼大雨就倾泻而下。真是狂风暴雨。紧接着我们的天蓝色球衣就变得越来越沉，感觉像毛衣一样沉。我说的沉并不是指身披国家队战袍所带来的压力，而是被水浸湿之后的球衣真的很沉。

后来，巴里奥斯又结结实实地以同样的动作将我放倒了两次，阿尼奥林才最终判罚他犯规。他对我犯规的时候正是我们疯狂进行防守反击的时候，我当时在左路进行突破，他上来就把我铲倒了。当时我脑海里就浮现出韩国队员的影像，然后我将他们相比较，发现这并非两场不一样的比赛，简直是两场不一样的世界杯！这场与乌拉圭的比赛我们仿佛完全变了个样，比赛节奏比对阵韩国队和保加利亚队时快了很多。这种情况在世界杯上时有发生，因为一支队伍的节奏会不断加速。另外，队员们的信心也一直在增强。这也是一个非常重要的因素。

世界杯需要赢球的欲望，需要良好的状态，需要对自己的信心，也需要你懂得你是在代表自己的祖国而战。当然了，到那时为止，我们还没有赢得之前所有批评过我们的人的尊重。但是我们已经为这些人准备好了一首歌曲，是这样唱的："我们把这首歌献给所有人，去你的！"这里面提到的"所有人"指的是谁？所有人是指所有的媒体。也可以说尤其是指媒体。

要么赢，要么输

当时乌拉圭也组织了一次非常具有威胁性的进攻，那次进攻让所有人都以为乌拉圭差点就赢了我们，其实并不是这样。不可否认，那一球是破门的绝佳机会。首先是对方的库楚在禁区内的一个短传，鲁本·帕斯拿到了球，他一记左脚射门，非常凶猛。当时雨下得太大了，整个草坪都湿滑得很。内里飞身救球，他碰到了球，最后把球停在了小禁区里面。弗朗切斯科利也上前争球，他与内里摔倒在一起。弗朗切斯科利踢到了内里的大腿。为什么他要这么做呢？我本来是用欣赏的眼光看待他，甚至在赛前我们还特别谈论到他。但是由于双方获胜心切，也就造成了这样混乱的局面。我们也想尽了一切办法，使尽了浑身解数。他与河床队队员们的关系也还算挺融洽。但是我记得鲁杰里当时负责上前盯防他，差点就被弄得后脑勺着地。另外还有巴尔达诺和布朗等人，都吃尽了乌拉圭人的苦头。那是因为当时时间已所剩无几，到这个时候对方所有人都希望比赛赶紧结束。但是我们不能就这样放过机会！决不能让比赛就这样结束。要么赢，要么输，只有这个选择。那真是一场精彩的比赛。

后来内里总算从地上爬起来了，我们从底线发动了快速进攻。蓬皮多当时也加入了防守的队伍。门将不一定能拯救一场比赛，但是也不至于毁了它。尤其是国家队的门将。在距离比赛结束还有一分钟时，我们在最后一次进攻当中迎来了又一次射门良机。我首先从中场接球，然后一如往常地带球移动，随后在前进中我用余光看到边上赶来了一个同伴。我往前方传球，因为我知道后面也没有人跟上。这个同伴是佩德罗。我把球往他那里轻轻一传，当时的局面是他独自面对对方的阿尔维斯。面对这种局面，最后阿尔维斯还是成功守住了大门，把球打了出来。但我当时就像一架飞机一样迅速，我拿到球，余光看到了帕斯库利，然后把球往他那里轻轻一传……

就是这粒进球让我们锁定了胜局，之后我们又进行了一次漂亮的进攻，但是没得分。因此我想说，当时我们在下半场的机会非常多，比如佩德罗的射门、巴尔达诺的射门、布鲁的射门、我的射门和巴尔达诺的第二次射门，还有佩德罗的更多射门。换言之，那场比赛我们本可以以5∶0的比分拿下。而乌拉圭的表现没有丝毫亮点，他们一直到比赛最后的十五分钟才真正组织了一次像样的进攻。之后，一直都是我们压着他们的半场在踢球。当然鲁本·帕斯的表现还是可圈可点的，幸运的是，他到后来才上场，这省去了我们不少麻烦。但是这场比赛的话语权在我们手中，比赛最后的结果完全取决于我们的表现，而不是乌拉圭。

如果可能的话，请你们再去观看一下这场比赛的录像，你们就会发现最后以1∶0的比分结束比赛是我们的失误，责任不在那场大雨，也不在对手身上。本来应该是5∶0甚至6∶0的大比分，说真的，那场比赛我们踢得非常认真。

当然了，那天下午我们像疯了一样痛快地庆祝了一番。在我们的内心深处我们知道自己踢得越来越好，我们现在仿佛战斗机一般充满力量。比赛进行到这个阶段，该打道回府的另有其人，绝对不是我们。我们的飞机可以多在墨西哥停留一阵子了。

第七章
一场决斗

阿根廷 2：英格兰 1

6 月 22 日，周日，墨西哥城

如果要为阿根廷人报仇的话，我们应该每人端一把机关枪，然后对着英格兰队员扫射。但是作为运动员，我们应该远离政治。希尔顿、史蒂文斯、布彻、芬威克、桑索姆、史蒂文、霍奇、里德、霍德尔、比尔兹利，还有莱因克尔，所有这些英格兰球员都只是我们在球场上的对手而已。我当时心里想的只是在场上跟他们交手，踢一场精彩的比赛，用手打进第一粒球，再贡献出第二粒也是足球史上最伟大的进球。

那场比赛我无法忘怀。当媒体得知我们将在四分之一决赛中与英格兰相遇时，他们争相想要采访我们，但是我们所有人都回避了记者的问题，因为我们非常清楚他们想要得到什么答案。记者们想知道的是如果我们进球了会如何向对方挑衅，或者我们是否会对撒切尔首相竖中指，再或者我们是否会对希尔顿暴力相向。我们当时已经了解被人伸手打在脸上的滋味，因此我们选择远离暴力，心平气和地去比赛。不管怎样，所有的气愤和不平都应该保留在心中，但是我的内心却在燃烧，我觉得我的心就要爆炸了。然而，比赛还是要正常进行。

在预选赛期间，马岛战争的话题就一直被提到，难以避免。没有人想放过这个话题！英国人确实屠杀了很多阿根廷士兵，但如果说谁要对这场战争负责，我想除了英国人，那些把我们的小伙子送到战场上去的阿根廷人也难辞其咎，因为他们要对抗的是世界第三强国，而我们的小伙子们只能穿着草鞋去战斗，这场战争实力悬殊。一个人确实不能丢掉爱国心，但同时他更应该期待一个没有战争的世界。不管怎样，我认为那场战争的获胜方本应该是我们。我还记得1982年西班牙世界杯的时候，当我们到达目的地时，听说那场战争已经变成了一场屠杀，遍地是阿根廷士兵残破的四肢，但是该死的阿根廷军方竟然还厚着脸皮对大众宣称我们即将赢得战争的胜利。

正因为如此，在1986年的世界杯赛场上，我脑海里想的并非我们正在为了迎接战争胜利而战，而是为了那些战死沙场的阿根廷士兵而战，为了让这些军人的家人得到安慰，我们也必须把英格兰从世界版图上抹去，当然，只是足球世界的版图。在那一刻，把英格兰排除在世界杯门外就等同于让英国投降了。

那就是一场战争，但是，那是我的战争。

我不能够责怪莱因克尔，绝对不能，因为那是一场足球比赛，而我们每个人都是其中的一员。英格兰队的队员在场上对我们很绅士，甚至在我们赢得比赛之后还对我们表示了祝贺，来到我们的更衣室交换球衣。我对他们说："有人想让我成为英格兰的敌人，但我并不是。对于我来说，英格兰人还记得博比·查尔顿这样的前辈让我觉得非常感动。"我认为这在阿根廷根本不可能发生，因为塔塔作为一支世界杯夺冠队伍的一员，前几年他想进入大学生队的球场看看都被人拦了下来。

赛前在训练基地我们内部就已经讨论了很多关于英格兰的事，因为那注定不会是一场简单的比赛。自从我们知道四分之一决赛的对手是英格兰之后，我们就一直想着对方。会前在他们与乌拉圭队比赛的时候，我们就去了阿兹特克体育场现场观战。那场比赛英格兰队赢得轻而易举，对此我表示一点也不惊讶，因为他们确实是最好的球队之一。

跟英格兰队的比赛是我们第一次在阿兹特克体育场的比赛，也是第一次在正午比赛。由于球场离训练基地只有五分钟的车程，我们的小巴预计上午九点半出发。但是九点钟的时候，我们所有人已经整装待发，就像准备奔赴战场的战士一样。我这个一向睡得很沉的人，竟然在这一天起得比任何时候都早，因为我期待着比赛的到来，期待着上场拼搏，也期待着用我们的胜利封住媒体的嘴。

在更衣室，我们依旧举行着往常的仪式。唯一值得强调的就是，我们马上要参加的是一场足球比赛，虽然我们国家输掉了一场真正的战争，但是责任并不在我们，也不在马上要跟我们比赛的对方球员身上。我想，明白了这个道理就足以让我们充满力量地上场去比赛。

我把这个想法告诉了队员们，因为我们每个人都已经铆足了劲儿准备好好踢一场比赛。我们举行了赛前的仪式，在卡尔曼多给我绑石膏之前，我在地上画了一个足球运动员，然后有人踩了上去。当然更衣室里还有卢汉圣母像，所有需要的东西都在那里。

有一张照片给我留下了非常深刻的印象，那是一张拍得很漂亮很特别的照片。照片上我们两支队伍正通过拱门后面的斜坡进入球场。当时整个球场里容纳了十一万五千名观众，但是我只听见了踏步的声音，带着金属的质感。当时我们一言不发，双方队员都屏住了呼吸。

在那之前，我们和英格兰队的队员已经互相打过招呼了，因为赛前我们要去一个专门供比赛双方见面的地方。对方的霍德尔我不是第一次见到，之前与阿尔迪列斯一起代表多特纳姆比赛的时候已经与他交过手，当时我们的关系不错。但是其他的英格兰球员都显得非常严肃，对我们特别地尊敬。这点倒是身为球员应该做到的，因此我们的态度也极其严肃认真。

对于英格兰人来说，这场比赛也是一块硬骨头。我们甚至得知，在赛前有人找对方球员谈话了，我估计是体育大臣之类的人物，目的是让他们了解不要把政治带到比赛当中，也不要被比赛的热情冲昏了头脑而做出不理智的举动。看来哪国的球员都面临同样的处境。

这些压力都被抛在了场外，真正能给我们施加压力的则是场内的人，也就是看台上的球迷。

我们知道球迷所期待看到的也仅仅是足球比赛本身，但是各国政府也在球场外进行比拼，政治总是利用足球这项运动，过去是，现在仍是，这是毫无疑问的。记者拍到任何其他项目的运动员和拍到一个足球运动员完全是两回事，政客非常了解这个道理，也会极尽所能地去利用它。对于政客来说，组织一支国家队从而获得世界杯冠军与利用他们获得世界杯冠军的事去掩盖另一些事情是完全不同的概念。

现如今，英国人对待我的态度仍然好极了。可以说我和英国人很合得来，因为每当一个马拉多纳家族的人到达英国时，不管是达尔玛还是贾尼娜，在她们递上护照的时候，总会有人对她们说“马拉多纳是传奇人物”。对于英国球迷的改变，我也感到非常欣慰。他们从全世界人都厌恶不已的“足球流氓”变成了现在的文明球迷，你可以看到一个身穿阿森纳队服的球迷和一个身穿纽卡斯尔联队队服的球迷紧挨在一起观看比赛，但却相安无事。

说到队服，我们在对阵英格兰的这场四分之一决赛中所穿的蓝色队服，也有一段很特别的历史。

特别的队服配特别的比赛

乐卡克公司当时给我们制作的主队服非常好看，也很舒服，衣服上有很多小孔，是为了应对在墨西哥炎热天气中的比赛，尤其是大中午的比赛。但是他们可能忘记了有些比赛我们需要穿另外一套球服，但是在那一套上并没有设计这些小孔。比如我们在普埃布拉跟乌拉圭国家队比赛时，当时下起了暴雨，我们的那套蓝色替换装在浸湿之后比毛衣还重。当我们得知在与英格兰比赛时，由于他们要穿白色球衣，因此我们不得不穿那套替换球衣时，所有人都感到了些许的绝望，因为在正午的阳光下，再加上墨城的海拔，我们怎么能够穿着毛衣一样的球衣去踢球呢？更何况对手还是英格兰！简直是开玩笑嘛！

于是我们想让乐卡克公司再给我们做一套像主队服那样带有小孔的蓝色球服，但是对方告知说时间太紧，来不及做出来。于是比拉尔多竟然亲自动手用一把小剪刀在我们的队服上剪起小洞来……简直太疯狂了。

这时候，阿根廷足联官员——可怜的鲁本·莫斯凯拉站了出来，想要解决队服的问题。当年正是他把帕萨雷拉的长途电话号码弄给我的，因此他怎么可能想不到办法再给我们弄一套蓝色队服来呢？这件事现在听起来就像一个笑话，但是当时的过程实在充满了戏剧性。不过对于现在的任何一支国家队来说，当时我们在墨城市区一家店一家店地找球衣，这件事也像是一个笑话，就好比国家队在布宜诺斯艾利斯的火车站附近买队服。但是当时的情况确实就如同我描述的一样。

莫斯凯拉大概询问了四十几家店面。四十多家！还有人说莫斯凯拉甚至去了泽拉达的店，因为他有家体育用品商店，但是这事连泽拉达自己都不记得了。唯一可以肯定的是莫斯凯拉最后找到了两套不一样的蓝色球服，但是那两套也没有小孔，因为那个设计太特别了。莫斯凯拉把两套队服都预订了下来，但他还是先拿着两套样衣回到训练基地，让我们确定到底要定哪一套。其实他可以把两种球衣各买一套给全队，但那个时候经费的管理就是这么严格。

于是我们在比赛前一天，面对两套样衣，需要做出决定。他们都来问我选哪一套，我毫不犹豫就做出了选择。我用手指着其中一套，笃定地说："就这套了。穿着这套球服比赛，我们会打败英格兰"。

随之而来的问题是如何在球服上印号码。当我们出场时，很多人脸上还残留着亮粉。更别提球队的队服道具负责人蒂托·本罗斯了，他看起来就像为了去参加狂欢节而化了妆！因为他硬是用熨斗在一夜之间把三十八套队服的号码给烫上去了。我们的号码是用银色闪粉烫上去的，如果像对阵乌拉圭队那次一样，在比赛中途下一场大雨的话，那球场上真是要乱套了，因为号码全部要被冲掉了，届时我们也分不清谁是谁，更别谈什么保持阵型了。

就这样，比赛前夜，我们带着满脸的银粉，在晚上十一点左右才沉沉睡去。而等待我们的则是第二天一早的比赛。

遇到瓶颈，我们寸步难行

队服的问题不是我们在赛前遇到的唯一困难，更困难的还在后面。

由于我们对阵英格兰队的比赛是件大事，比拉尔多在赛前特意到我的房间来找我谈话。当时我和帕斯库利住一间房，我很不解比拉尔多为什么要请我到房间外面单独谈话。当然了，知道他后来要说什么内容，这个举动就理所应当了。

“迭戈，我要把帕斯库利换下来……”

“……”

“我会好好跟他说的。”

“当然了，这是您的问题。”我回答道，“我只能跟您说，这样做会伤一个年轻人的心，而那个人就在屋子里面，况且他还是跟乌拉圭比赛时打进制胜一球的功臣。”

“这个我知道。但是在他那个位置，英格兰会进行很多突破。”

当时，对我来说唯一重要的事情是想着如何去安慰佩德罗，因为他哭得像个孩子。这件事里唯一让我觉得能接受的是替换佩德罗的是“黑子”恩里克，一个野兽一样的人物，恩里克还是我要求比拉尔多一定要重用的人，我们当时召他来国家队的时候，他几乎从来没有代表国家队打过比赛。后来我又要求比拉尔多一定要换他上场，因为恩里克过于独特的个性让他在国家队越来越孤立了。

另一个要被换上场的人是“巴斯克人”奥拉蒂克耶切亚。我认为他是锋线上的一张王牌。在这场比赛之前，他从来没有作为首发球员上场。但是我们都看得出来，从身体素质上来说，他非常适应墨西哥的高原气候，每当轮到他上场的时候，看到他从场外跑上来，高原反应简直完全被他打败了。奥拉蒂克耶切亚换下的是加雷，因为加雷在与乌拉圭的比赛中耗尽了体力，还没有恢复。正因为如此，我才知道奥拉蒂克耶切亚会被派上场……我不想总是为自己辩解，但是比拉尔多说当时跟我的谈话有一个小时，那完全是胡说八道，我们最多谈了二十分钟。还有一些事情我们之后才知道真相。比如说恩里克首发的事情，他之前根本不知道自己会在首发名单里，而后来在同一天，他就接到了通知。你还知道关于恩里克的什么事吗？他居然没有钉鞋，没有任何一个品牌给他提供钉鞋赞助。我让彪马赞助了他，赞助恩里克世界杯全程。你说说看，现在的球星怎么会遇到这种情况呢？就连阿根廷九队的小子们都有品牌赞助的钉鞋。

回到比赛的话题，由于换上了恩里克，我们改变了打法，我们对中场的控制更加严密，布鲁查加在左路加强进攻，朱斯蒂在同一侧给予支持。另一边是“黑子”负责，奥拉蒂克耶切亚在后方协助。中路是“切乔”。后方进行自由防守的是布朗，库奇乌夫和鲁杰里打阻截战术。前锋是巴尔达诺，我在他的后方跑动。

这是一个具有历史意义的阵型，是代表着比拉尔多战术改革的阵型，也是让所有人铭记在心的阵型。这个阵型在四分之一决赛时终于成型。在那之前，我们的后防线上一直有四名防守队员，这不是开玩笑的。

事实证明，这支新队伍是一支聪明的队伍，它对待每一个对手都有不同的方法。在那届比赛中没有任何队伍能超越我们或者与我们势均力敌，除了在与英格兰队比赛的几分钟里，我们确实有过艰难的时刻，但是最后，我们也平稳地度过了整场比赛。

之前英格兰队和乌拉圭队比赛时，我们到现场观赛，最后的结果是英格兰以3∶0赢得了比赛。我们非常了解英格兰队拥有优秀的中场球员，他们个个骁勇善战，我们也知道对方都不是毛头小伙，他们都经验丰富。我回顾了一下当时对方的阵容，发现果然如此：门将是希尔顿；后防线上有史蒂文斯、桑索姆、芬威克和布彻；中场是霍德尔、里德、史蒂文和霍奇；前锋是莱因克尔和比尔兹利。

对于霍德尔我之前就有所了解，我认为他是最值得我们防范的球员之一，他的双脚非常有威胁，而且他可以组织起队伍的进攻。还有比尔兹利，他总能抓住一切机会发动攻势。这些问题我们都跟比拉尔多谈论过。当时我们没注意到野蛮的巴恩斯，他后来替换上场之后，让我们吃了不少苦头。我之后多次在英国或在迪拜的比赛中碰到巴恩斯，他跟我一样发福了不少，每当我看见他，他都对着我狂笑，仿佛在说："我当时真是让你们阿根廷人害怕极了！"

这是真的，当时巴恩斯是给我们制造了不小的麻烦，但那是在比赛最后时刻才发生的事情。之前一直是我们在控制整个场面。当然了，总有一些事情不在我们预料之中，我们也不想一些事情发生。但是球场如战场。上半场的时候，我们都踢得很紧张，因为我们需要四十五分钟的时间来好好适应。

我们刚刚经历了和乌拉圭队的比赛，我之前说过，那场比赛是我在那届世界杯上到那时为止表现最好的一场比赛，也是整支队伍表现最好的一场比赛。但是，现在我们面对的是英格兰队，并不是我不尊重乌拉圭队，但是我不得不承认，英格兰队是我们在夺冠道路上碰到的更高一级台阶。但这并不表示我对英格兰队的尊重比对乌拉圭队要多。那时，我们已经成功走到了四分之一决赛，已经没有退路了，我们不能后退！我们只能咬紧牙关继续前进。如果你们有机会询问巴尔达诺，他也会证实我下面的话。中场休息时，我对队员们说："伙伴们！上半场我们踢得很谨慎，我不太喜欢这样的踢法。比拉尔多连屁都没放一个，一句点评也没有。"这时巴尔达诺说："你说得对，迭戈。"

我在上半场注意到了什么？我注意到很多东西。首先是草坪的状态，实在是太差了。我原以为这场比赛的条件是可以和决赛的条件相媲美的，但事实却令人遗憾。后来怎么样了呢？原来我们比对方更加能适应那糟糕的场地，或许是因为我们平时训练得更多些，因此我们早已习惯了美洲训练基地的场地情况，所以对这个场地也不会感到太陌生。

另一件让我在意的事情是炎热的天气。比赛当天的气温简直高得不可思议。但是我们也适应了。英格兰人比我们痛苦得多，所以他们很快就体力不支了。

另外更重要的一件事就是高原反应。英格兰人之前去了蒙特雷参加比赛，那里是平原。而我们在墨城踢了两场比赛，另外，我们一直驻扎在这儿。那时候我们已经克服了胸口要爆炸的感觉，甚至可以在高原上自由飞翔……

也正因为如此，英格兰队队员有时候会出现一些犯规动作，但也不算是恶意犯规。我后来没有再回看过这场比赛的全程录像，一直到今天，我再一次回顾这场比赛时，我也再一次感受到当时的情绪，我是抱着百分百的忠诚之心去踢这场比赛的。如果大家看到这场比赛录像的话就会发现，英格兰队的队员有时候会把我们铲倒，但是他们也会扶我们起来。当时的气氛并不是特别紧张，所有人都没有想要在比赛之外再做出什么出格的事来。那场比赛中，除了双方轮流传球带来的紧张感，也没有其他特别的感受了。

另外，在那届世界杯上，球星个人的光环也减弱了很多。我一直以来在场上都是自由跑动，一般在球场的两侧活动。或许英格兰队的教练罗伯森已经考虑到了每当面对专人防守时我的表现就更加出色这一事实，因此在那场比赛中，他们没有派人专门盯防我。也就是说，英格兰人并没有把我当成特别人物对待。

在进攻的时候，我基本都是自由跑动，防守收缩的时候我也可以退到任何我觉得合适的位置。一般来说，我会退到场地的中间，或者再靠后一点的位置，因为我知道这样的话我能够防守住某一个角度，这样我的后卫同伴们就不会太吃力。

就这样，我们的队伍在不断成长进步。我们在训练的时候并没有拧成一股绳，但是随着比赛的进行，我们成了一个整体，并且不断进步。这个事实每个人都看在眼里。

我的势头非常强劲，一直保持到那场比赛。我速度飞快，拿到球之后几秒钟就能摆脱对方的球员。我用脚尖着地，这个技巧让我的奔跑速度跟飞人博尔特一样快。让我观看比拉尔多的球队比赛是一件非常无聊的事，但是让我在比拉尔多的球队中比赛又是另外一回事了。你们能明白吗？

我觉得身为比拉尔多带领的球队中的一员去参加比赛是非常有意思的事情，原因就是所有队员都会把球传给我，他们知道那是最好的选择，因为不管我当时位置在哪里，不管我面对的对方球员是谁，把球传给我总是没错的。另外，我们赢得了其他人的尊重，其中也包括裁判员。那场球的主裁判员是来自突尼斯的阿里·本纳瑟，之前在我们对战韩国队和乌拉圭队的比赛当中，大家都看到他在场外将对方对我进行的犯规一一记录了下来。

比赛刚刚开始十分钟，我们就获得了一次进攻机会，当时我甩开了两名英格兰球员，之后芬威克在禁区内把我放倒了。当时突尼斯裁判就在我们附近，他给芬威克出示了一张黄牌。我觉得那是一个非常有利的信号，无论是那次进攻还是裁判的判罚，对我们来说都是很好的信号。我感觉在这之后我还会有很多次这种漂亮的进攻，而在进攻中我还会跟芬威克多次交手。而正是有了这一张黄牌，芬威克在之后的比赛中应该会收敛很多。于我而言，这次进攻就像是在划地盘，虽然进攻并没有产生任何结果，但是我感觉到我已经成了球场的主人。

不久之后，“大头”鲁杰里有一记头球攻门，但是皮球高出了横梁。随后，第十五分钟时，从不出错的门将内里，把我们吓出了一身冷汗。他原本出来想用脚把球踢走，但是竟然漏球了！这下给对方的比尔兹利抓住了机会，他捡漏得球，从边路一脚射门。我当时在中场的位置，看到皮球向着空门飞去，我嘴里嘟哝了一句："糟了。"然而皮球并没有打入网内，而是打在了边网上。

我记得那是英格兰队为数不多的有威胁的射门之一。基本上都是我们在控制着场上的节奏，球权绝大部分时间也在我们这里。说实话，这场比赛观看起来有点无聊，但是我们球员的跑动却是非常灵活，尤其在从中场到前场的这个范围内。后方防线已经非常坚固。塔塔·布朗俨然成了场上的元帅，"恺撒大帝"在他面前都要甘拜下风。鲁杰里和库奇乌夫牢牢看住了对手的脚踝，他们俩就像今天的阻截球员。朱斯蒂和"巴斯克人"状态也非常好。"美国佬"也跃跃欲试地想要更多进入禁区，当然了，这是因为在他那一侧英格兰队还没有派"小黑皮"巴恩斯上场。也因此，他的位置更接近中场，他也认为相比较边路而言，自己更适合中场，在边路他发挥得并不出色。于是在上半场的时候，"美国佬"甚至有一次突破到了禁区，直面对方门将希尔顿。但是他失误滑倒，铲倒了希尔顿。即使这样，也没有发生什么不愉快的事情。如果我们面对的是另一个对手，也许比赛会在争吵和互相推搡中结束，就跟我们与乌拉圭队的比赛一样。但是和英国人比赛，恰恰是跟英国人比赛，我们双方在结束时都友好地握手致意，仿佛他们在向我们致歉。现在我重新来看这场比赛的录像，我可以确认，事实的确如此。

也许观众们已经不记得这个细节了，那肯定也不记得我在上半场进行到一半的时候发动的一次进攻的跑动路线，那次进攻和之后的那一次著名的进攻非常类似，只不过最后的结果不是进球，而是犯规。之后我又发了一记任意球，皮球本应该是冲着球门中路飞过去，但是现在我再看这个球，最后是打偏了，撞在了门柱上。我当时多想把球踢进去啊！那一球是我的复仇，并不是故意要向英格兰人进行报复，而是之前我踢出一球，但是皮球越出了角球点，那时候我就生气了，倒不是生英格兰人的气，而是生角旗的气。我烦透了，那角旗跟坐在角落的那些摄影师一样烦人，于是我对着红色的角旗狠狠踢了几脚。我记得很清楚，当时边裁乌略亚跑了过来，勒令我把角旗给扶正。

“请你让我把球先发出去。”当时我还很气愤地跟乌略亚说道。

“我当然会让你发球，但是首先请把角旗扶起来。”边裁这样回答。

“好吧，好吧，我把角旗摆好。下一届世界杯我也当个边裁好了。”

事实上乌略亚对我很宽容，他本可以罚我技术犯规，但是他并没有这么做。我一开始把红色的棋子顶在头上，然后把它插在杆子上。当时有一张照片把这个瞬间记录了下来。

之后我又有一次长距离的带球进攻，跑动距离有七十米。当时我速度快极了，可以说是快如闪电。当我与对方球员相遇时，我就知道没人可以防得住我。除非他们把我放倒，否则我将一直跑向禁区。之前有一次他们用手肘将我放倒了，但是裁判并没有看见。现在再跟本纳瑟提这个犯规也毫无意义，不是吗？如果他因为没看到这个犯规也忽视了后面的犯规，那可能告诉他还有点意义。但是实际上当时那个英格兰的球员是碰到了我，但是他并不是故意的，他当时想转身，但恰巧在那时我起身跳跃，于是我就被手肘放倒了。因此我也没有表示抗议。但是我用流利的英文跟对方交流了一下，表示我对这一记肘击表示理解。所以说，那场比赛是一场绅士间的较量。

英格兰队在上半场比赛结束之前还有一次到达了我们的禁区，但是只靠着几脚传球而已。当时他们并没有太多的想法，而球权绝大部分时间都在我们这里。

对于上半场的表现，我并不是很满意。控球时间再长，不进球也是徒劳。上半场我们确实没有进球。于是中场休息时在更衣室里我把这个想法说了出来。我不希望我们的队员对于上半场的比赛情况感到沾沾自喜。

我口中的“上帝之手”

下半场比赛一开始，我就如往常一样快速投入了比赛，只不过这一次我怀着特别想要进球的欲望开始了比赛。我和巴尔达诺达成了默契，一同发动猛攻。我不想浪费场上的每一秒钟，我想要赢得比赛，只想赢得比赛，当时我感觉改变历史的时刻到来了。

五分钟，我只需要多等待五分钟而已。

“巴斯克人”带着前锋的气势，穿过中场，把球传给了我。“巴斯克人”的一大优点就是作为一个后卫，他总是能像一个中场球员那样控球，也能像一个前锋一样发动进攻。我接到他的传球之后就开始控球，准备瞄准球门射门，当时从左路一条直线斜插到中间，球门就在我眼前。我看得非常清楚，那应该是很容易的一脚射门，因为每个人的位置我都看得很清楚。我在寻找蓝色队服的同伴，想打个配合，让他再把球回传给我，之后，我心里很明白，我将独自完成最后的射门。

但是当我把球传给巴尔达诺时，皮球反弹了一下，稍微高了一点，正好对方的霍奇就在他身边。于是霍奇在巴尔达诺的前面抢到了位置。但是他失误了，并没有把球拿住。如果是我的话，就不会有这种失误，因为我会选择把球回传给身后的门将，而不是像霍奇那样选择把球拿下。如果当时霍奇把球控制住，之后我就不会碰到球了，绝对不会。

但是那粒皮球冲着我所在的位置落下来，它丝毫不差地冲我而来。

啊！真是天赐良机啊，天哪！

“这个球是我的了！”当时我心里暗暗想着，“管它会不会进，反正我一定要试一试。如果算进，那就进了。”于是我像一只青蛙一样向空中跃起，希尔顿根本没有预料到我会做出这样的反应。他当时估计在想，我肯定是要撞到他了。但是我当时像一只青蛙一样轻松跃起，你们从照片上就可以看出来，那些照片恰恰说明了我当时的身体素质有多棒。

我抢占了上风，因为当时我的身体就像一头野兽一样强壮。希尔顿也跳了起来，但是我比他反应得早，而且跳跃的时候我的双眼一直盯着皮球，而他却闭上了眼睛。

希尔顿的习惯是用双拳将球打出，这样处理球会显得比较混乱。如果你们仔细看当时的照片，就会发现希尔顿的手和我的手距离皮球有很大的差距。希尔顿几乎没有碰到球。然后再看我们的脚，你们会发现我已经离开了地面，继续腾空，继续在往上升，而他的双脚几乎就没有离开地面。

我之所以形容我这一跳像一只青蛙，因为我的双腿是弯曲的，好像交叉了一个十字，好像在伸展肌肉一样，背部的肌肉被拉开，然后整个肋骨的部分都清晰可见。从这里就可以看出我当时身上没有一克多余的脂肪，双腿结实有力。

当我落下之后，我立刻飞奔庆祝这粒进球。那是一粒非常有力的进球，虽然我是头球的时候一并借助拳头打进的，但是最后进球的效果比起头球更像是我用左脚打进的。我当时用手重重一打，嗒的一声，皮球就飞进了球门，打在球网上。这个动作非常迅速，主裁、边裁都没有看到。希尔顿也忙着寻找皮球，处于蒙掉的状态。唯一有反应的是芬威克，他是最后一个出现在球门前的防守球员。但是之后再也没有人做出任何反应。场上的所有人都不知道到底发生了什么，包括希尔顿，他连他自己身处何地都弄不清楚了。

我看向主裁，感觉他没有任何动静；我再看向边裁，也没有任何动静，于是我开始奔跑庆祝进球。我决定帮助裁判做出他们犹豫不决的判决。主裁本纳瑟在日后对我说，当时他看向了边裁，想询问边裁的意见。而那个来自比利时的边裁多特切夫，也同样在等待主裁的判决。他既没有举旗示意，也没有跑向场地中间。他面对这次进攻，把所有的责任都推卸给了别人。我觉得事后主裁和边裁二人之间为此事产生争执是因为他们都说对方才是应该对这件事负责的人。

当时我继续在场上奔跑庆祝，并没有回头去看任何人。“切乔”比任何人都先跑到我这儿，但是他跑得很慢，仿佛心里在想着“这球好像没算”。我当时希望能有更多的队员上前跟我一起庆祝，但是只有巴尔达诺和布鲁查加赶了上来。那时比拉尔多禁止中场球员在进球后做出庆祝的举动，因为他不想队员因此消耗体力。但这一次的进球我需要他们上前来跟我一起庆祝。

我感觉队员们也不想回头去看裁判，因为怕这球被判罚无效。因此当“切乔”赶到我身边的时候，他问我：“你是手球了，是不是？那是个手球对吧？”

我回答道：“你别管了，就继续庆祝进球好了。”

随即我望向了观众席的位置，我的父亲和岳父当时在现场观战。我向他们挥拳示意，然后他们也向我报以同样的动作。

当时我仍然害怕那个进球会被取消，但是最终并没有发生。

对于这个我用拳头打进的球我完全不感到后悔。我并无悔意！因为我拥有来自球迷、队友和各层领导人对我的尊重和信任，我对这样的做法并没有感到一丝的后悔。因为我生而如此，在菲奥里托的时候我就时常会用手球的方式打门。这次我在十万观众的眼皮子底下做出了这个动作。但是所有人都为了这个进球而欢呼，如果观众们在进球后欢呼起来，那就说明他们对这个进球并无异议。因此，现在，我们又怎么能把这件事怪罪到我的好友，来自突尼斯的主裁身上呢？

我后来对一家英国日报提起了诉讼，最后我胜诉了，因为对方发表了一篇题为“马拉多纳—忏悔者”的文章。我的脑子里可从来没有过忏悔的想法，当时没有，三十年之后的今天也没有，我认为直到我生命的最后一刻，我也不会为这个进球感到后悔。正如在进球一年之后，在一次BBC对我的采访当中我对一位英国记者说的那样：“那是一个完全合法的进球，因为裁判的判罚就是如此。而我对于裁判的公正性没有任何的怀疑。”后来，当莱因克尔受一家英国电视台的委托，来到布宜诺斯艾利斯，在我家中与我进行一次访谈时，我对他说了相同的一番话。

莱因克尔当时问我的第一句话是：

“那粒进球是用你自己的手打进的还是上帝之手打进的？”

我回答他道：

“是我的手打进的。但是我这样做并不是想表示对英国球迷的不尊敬。”

之后我跟他说，曾经我也用手打进过很多球，还说那次进球后我望向主裁和边裁，看看他们是否上了当。莱因克尔察觉到我的同伴们在我进球后并没有上前跟我一起庆祝进球，他也问了我原因。于是我对他说，当时我主动叫我的同伴们赶紧上来拥抱我，这样就没有人会对这个进球产生怀疑了。

我记得莱因克尔对我说，如果在英国的球场上发生这样的事情，那么这种事情就是一个圈套，而始作俑者就是个骗子；我跟他说，对于我来说，这种事情叫抖机灵，而做这种事的人就是机灵鬼。

我和莱因克尔的对话进行得很顺利，我认为那是两个足球运动员之间的对话。那次访谈的地点是我父母家的院子，房子位于德沃托镇。

莱因克尔也问了我：

“为什么你当时称那是‘上帝之手’？”

“因为当时上帝向我们伸出了手，他帮助了我们。在那样的场合，主裁和边裁同时没有发现手球的概率非常低，因此我说出了‘上帝之手’那样的话。”

“我把这个失误归咎到主裁和边裁的身上，我认为责任并不在你。”莱茵克尔对我说，“而紧接着你的第二个进球是我在整个足球生涯中第一次也是唯一一次心甘情愿为对手鼓掌喝彩的精彩进球。”

当他对我说出上面的那段话时，我几乎想亲吻他。

“那的确是梦幻般的进球，我做梦都想这样进一球。我们身为球员，总是梦想着打进足球史上最精彩的进球，我们一直抱有幻想，那画面一直在我们脑中盘旋……对于我来说，能踢进那一球实在是太棒了。更何况那是在世界杯的赛场上，实在太不可思议了！”

“而且还是在与英格兰的比赛上进的球，对吧？”莱因克尔加上了这么一句，他问得如此犀利，就像真正的记者一般。

我如实地回答，的确如此。

“如果当时我们面对的是意大利，或者乌拉圭，抑或是巴西队，那情况会复杂很多。但是对手是你们，整个局面就不一样了。因为英格兰的队员们比较绅士，而且在赛场上非常诚实。”

我想说的是，我对面的这家伙当时想挖到更多的料，除了这些进球之外的其他信息。

“很多人都说你是凭借一己之力赢得了那届世界杯的冠军，而你们整支球队并不出色，对此你怎么看？”

“我认为我们的队伍非常出色。这支优秀的队伍是在实战中一点一点成长起来的，凭借着队员们自己的智慧慢慢变得强大。当然了，因为我的存在，队伍变得更好，我也不会否认这一点，否则就是在撒谎了，不是吗？”

之后我又跟他补充了一些内容，在此我也重申一遍：我坚信捧得那届大力神杯并不是我个人的功劳，这是事实。如果没有全队的协助，也许我也可以凭借一己之力赢得对英格兰队的比赛，但是其他的比赛我是没有办法独自拿下的。

莱因克尔又问了我一次是否对于那个手球感到羞愧，我跟他说那是一场比赛，如果裁判没有发觉那是手球，那进球就成了比赛的一部分。莱因克尔记下了我的话，并没有对此提出任何异议。或者说，他确实说了些话，但只是说了“这就是足球”这样的话。莱因克尔，一个伟大的人，我们总是在见面的时候进行这样的谈话，谈话总是以这样的内容结束。

但是希尔顿确实对这个进球恼怒不已。作为门将，他将永远对这个进球耿耿于怀。他说：“我绝对不会邀请马拉多纳来看我的告别比赛。”呵呵。谁会想去看一个守门员的告别比赛呢？更何况是希尔顿的告别比赛！他的缓冲器都坏掉了。你们没注意到他走路的样子吗？注意看看，你们就知道他应该更换他的缓冲器了。

我曾经用手打进过很多进球，很多。在小洋葱头队、阿根廷青年人队、博卡青年队和那不勒斯队都如此。

在小洋葱头队的时候，我是在萨韦德拉公园的比赛上打进了手球。对手们看到我是手球，于是一起拥到裁判面前进行申诉。但是裁判判定进球有效，于是现场产生了一片混乱的局面。我当时就知道那样的做法是不对的，但是事后冷静地思考是一回事，在比赛现场那种火热的气氛中做出手球举动又是另一回事。因为一个人想要进球，有时候不得已就会做出手球这种动作。

我一直记得在和韦雷斯队的一场比赛中被裁判判决无效的一粒手球。那距离小洋葱头队的手球已经很久了，我当时代表阿根廷青年人队比赛，但是距离1986年墨西哥世界杯也很远。那位裁判告诫我以后不要再做出手球犯规的举动，当时我说非常感谢他，但是我同样也说对此我并不能做出任何保证。我估计那位裁判在看到我对英格兰队的那粒手球之后也会疯狂庆祝、激动不已，我不知道是不是这样，我只是这样猜测而已。

我代表博卡青年队比赛期间，有一次在与罗萨里奥中央队的比赛中也有一粒手球，但是没有被任何人发现，也没有人对此有过疑问。我就那样轻轻一打，球就从左侧进了球门。在那不勒斯队时，我先是在与乌迪内斯队的比赛中打进过一球，之后又在与桑普多利亚队的比赛中打入一球。与乌迪内斯的那一球进球以后，济科当时站在场上就对我说："如果你不承认那是手球的话，你就是不诚实的人。"我对他伸出手，说道："你好，济科，很高兴认识你，我的名字叫迭戈·阿曼多·'不诚实的'·马拉多纳。"

我知道因为这一球，苏格兰人比其他任何地方的人更把我视为偶像。在那些不欢迎英格兰人的地方，我就是葛戴尔。我在苏格兰比在自己的家乡还要受欢迎。我知道苏格兰人为我作了一首歌，用来歌颂我在球场上打败英格兰人的丰功伟绩。有一天我请苏格兰人将歌词写在一张纸上，我还好好存着呢。歌是这样唱的：

> 哦，迭戈·马拉多纳/哦，迭戈·马拉多纳/他淘汰了英格兰/淘汰，淘汰，淘汰/伸出你的左手/你的左手/抽回你的左手/抽回你的左手/伸手、抽手、动起来/他淘汰了英格兰，淘汰，淘汰，淘汰。

我听不懂原文，但是这首歌唱的是我伸出左手打进的那个球。而当苏格兰人民唱起这首歌时，你可以看到他们身上散发出的那种幸福感。

因此，对于我来说，打进那个球就好比我偷了另一个小偷的东西，我认为光凭这个理由就足以原谅我一百年。

在赛后新闻发布会上，我不知道怎样绕开这个烙印一般的话题。一开始，我一直在说那球是我头球打进的。我不知道为什么会那样说，当时我内心还是很害怕，仿佛我仍置身球场，仍置身比赛的当时，我害怕裁判会取消那粒进球。对另一些人，我提到那个进球靠的是“马拉多纳的头和上帝之手”。我说这话的时候，想到了所有在战争中牺牲的阿根廷年轻人，一想到他们我就变得非常感性，因此我使用了“上帝之手”这样的表达。我并不是想表达我就是上帝或者我的手是上帝之手，我想说的是，想到了所有在马岛战争中牺牲的阿根廷青年，我认为是上帝伸出了手，帮助我们打进了那个进球。

以上这些话也是我在进球三十年之后的肺腑之言。

三十年前，我真正想表达的意思确实也被发表出来了，但是听说只有一家报纸发表，而且只刊登了一句话。我说了那么多，最后被缩成了一句！那家报纸应该是《格罗尼卡报》，正是这家报纸，在1981年的时候为我转会去博卡青年队助了一臂之力，因为当博卡还没有注意到我的时候，我就跟这家报纸自说自话表示博卡对我非常感兴趣，于是最后我真的成功转会去了博卡队。当时他们刊登的我的那一句话应该是这样的:“我可以发誓，当时我和希尔顿一同跳起来，我是用头去顶球的。但是希尔顿伸出了拳头，因此看上去好像混淆了。我绝对是用头去顶球，这点毫无疑问。我的前额都撞肿了。我打进这个球，一是靠马拉多纳的头，二是靠上帝之手。”

现在我再读到这个言论，我自己都笑了出来。但是在当时的那种情况下我能说什么呢？难道我要把所有的责任都推给可怜的裁判阿里·本纳瑟吗？

我没有把责任都推给裁判，这么做是对的，因为当多年以后我身处迪拜回顾这场比赛期间，本纳瑟在他位于突尼斯的家里接待了我。他看上去是个非常可爱的人。他对我说："迭戈，如果可以重来，我还是会判那粒进球有效，一定会的。因为我当时确实没有看见发生了什么，而且边裁也没看到。多特切夫没看到，他的位置要比我容易看到得多。所以既然他都没看到，那么就没人知道真相了，甚至在场的数万名观众也没有看到究竟发生了什么。"本纳瑟真是个好人，他对我非常和蔼。我去他家的时候，他亲自给我开了门，他本人非常低调，穿着一件灰色的突尼斯长衫。他对我完全没有怨恨，完全没有。在我家的健身房里挂着一个画框，里面放着我那粒进球的照片，还有一张赛前双方队长向主裁判问好的照片。那张照片是我向本纳瑟要来的。

我知道通过现在的科技，那粒进球已经被看得非常清楚了。你们知道吗？我绝对支持在足球领域发展新的科技。但是你们也要知道，那个年代还没有这样的科技。如果当年或者更早的时候就有这样的技术，那么英格兰连1966年的世界杯冠军都获得不了，因为他们在那届世界杯决赛中的进球是有污点的。

确实，如果在墨西哥世界杯上已经有了现在的先进技术，那么我的那粒进球会被判无效。我非常赞成发展科技，如果有机会在国际足联工作的话，我会极力推进足球科技的发展和应用。现在全世界的各种体育项目都需要透明公正，所有人都希望在进球以后立刻看到回放确认，然后才开始放心地为进球而欢呼。在美式橄榄球、英式橄榄球和篮球比赛当中，科技被应用得很好，我们足球也不能远离科技。因此我们应该认真地去帮助国际足联推广科技在足球当中的应用，在这一项上，我会为国际足联投赞成票。我们可以给这个提议起个名字，比如"鹰眼"就很好。但是绝对不能称它为"上帝之手"，绝对不能，因为这个名字也会触犯到英国人，而我在国际足联中最想做到的事情则是将全世界团结在一起。

回到赛场上。在我打进了这一球之后，我们开始敢于针对英格兰队发动进攻了。在这之前，我们一直踢得很紧张，倒不是一次进攻也没有，但是仅有一次而已。在进球之后，一切都变了。比赛进行到这个地步，我们已经变成了一支非常有条理的队伍。

我了解到彼得·里德在一部纪录片里说过这场比赛是他的噩梦，一直到很久以后他都会在半夜里惊醒。但是当我不止一次在后来的某些场合遇见他时，他倒是会跟我谈起我的第二粒进球，对第一个闭口不谈。他总是谈起第二个进球，在ESPN电视台的一次节目当中，里德形容那个进球就是“一件艺术品”，当时在场上的他都想停下脚步为我鼓掌，当时我的速度像子弹一样快，他根本没有办法阻止我。在一次与我面对面的交流中，他还对我说了其他的话，他是这样说的：“当时我看到你就像一匹野马，你的速度一上来，我根本跟不上，于是我就独自退到了中场。我放弃了。”

如果你们有机会像我现在这样重新观看当时比赛的录像，你们就会发现他说的是事实。我现在一边回看，一边想起了当时的种种画面。我开始提速了，加速、再加速，然后里德停了下来，放弃了防守。那真是历史性的一刻。

女士们、先生们，让我们一同回顾那粒最经典的进球

这粒经典的进球始于恩里克的传球。这样说并不是在开玩笑，因为确实是“黑子”的精准传球为后面发生的一切打下了坚实的基础。试想一下，如果当时他的传球偏了半米会怎样？结果就是我没办法接到球，没办法做出后面的转身动作，也不可能连续越过对方的两名队员，没记错的话应该是比尔兹利和可怜的里德。在转身的同时我

就摆脱了对方两名球员，后来这个数字还会增加。对方的霍奇也在那儿，但是他没有特别盯防我们中的哪一个人。随后就发现里德放弃了追赶我，因为我的速度已经提上来了，从中场往前两米靠右路的位置开始带球往球门方向跑去。那时的我就是里德所形容的“野马”。之后布彻第一次上前封阻我，我假装往右边带球，但是从左边突破了他，之后我把球往前方带了一大步，布彻转身又开始追赶我。我当时感觉到身后有人追我，就在我的右后方，那感觉就像我背后也长了眼睛一样。

同时我也看到巴尔达诺和布鲁查加在左路示意我传球给他们，但是我怎么可能在这个时候传球呢！除非我疯了。因为这个球我一路带上来，那距离就好像我从自己家里带来的那样遥远。

然后对方的芬威克上来拦截我，到此我想要对英格兰队的队员们表示敬意，倒不是因为他们故意让我赢球，而是因为如果我们的对手是另一个球队的话，那粒经典的进球可能就不会存在了。之前发生类似的情况时，我都被对手掀翻在地，但是英格兰的队员们是绅士，他们没有对我犯规。你们看到芬威克伸出手想拽我，但是他没有把手挥到我的脸上。他的手大概挡到我肚子的位置，好像伸手在抱一个婴儿，但是我并没有什么感觉，因为当时我的速度太快，我正铆足了力气往前带球。所以我才觉得，如果当时我们面对的是其他对手，你们现在可能看不到这粒经典的进球了。再加上之前我就说过，芬威克因为在上半场吃了一张黄牌，因此下半场的行为要收敛一些，他要考虑到如果对我进行犯规的话，可能就要被罚下场了。就在他考虑的一瞬间，皮球已经打进网内。芬威克也说过，当时他不会对我出手。但是我认为他会向我伸手，只不过是要跟我握手，甚至是拥抱而已。

布彻确实向我伸出了脚，你们想象不到布彻的那一脚是什么感觉！他贴着地面伸腿阻拦我，我要不越过去，要不就被绊倒摔个狗吃屎。但是当时我全神贯注地带球突破，即使用三根脚趾也能把球踢进球门，所以布彻的这一脚对我来说可谓毫无影响。但事后在更衣间，我才发现这一脚让我伤得不轻，那时候我才发现我的脚踝已经肿到我无法想象的地步了。

我之前已经无数次提到过，在最后射门的时候，我已经记不得我弟弟“土耳其人”曾经跟我说过的话，只是在那一刻我的潜意识告诉我的脚应该做出什么反应，我就照做了。但我最后的射门动作的确和“土耳其人”之前跟我讨论的动作一模一样。那要提到五年前的一场比赛，1981年的时候我在英国进行巡回赛，一次在温布利比赛时，我有一次进攻和这一次的非常相像，但是在守门员出来阻截的时候我选择了将球拨向一侧射门。最后当我准备要为进球欢呼时才发现球偏离了大门，滚了出去。之后“土耳其人”给我打电话，他对我说：“你这个笨蛋！你就不应该选择那时候射门，你应该晃过守门员，因为他已经出来了。”我当时回答他说：“你才是蠢货！你在电视上看转播当然觉得简单了。”但是他之后的话让我哑口无言：“你听我说，笨蛋，如果你假动作从右边晃过守门员，你就可以用右脚射门了，懂不懂？”当年我的这个弟弟只有七岁而已！于是，在1986年的这场比赛上，我最后选择了当年这个小孩跟我说的动作。

事实上，这一球在最后能打进，对方的门将希尔顿也帮了一个大忙。希尔顿最大的失误，从录像上可以看出，就是他没有封堵我。对于希尔顿我其实不需要用假动作，只要将球往前送就可以了。面对我的时候，他没有选择一般守门员的封堵动作，因为当我把球送到他身后的时候，我就知道这是势在必进的一球。随后我轻轻一拨，啪嗒一声，我用三根脚趾把皮球稳稳地送进了球网。成了！

随即我就疯狂奔跑庆祝这粒进球。这一次我不需要望向裁判员，也不需要看其他人的反应了。我知道我到底做了什么。我跑到底线，在角落里我找到了萨尔瓦托雷·卡尔曼多，他紧紧拥抱了我，随后队友们拥了上来。布鲁查加、巴蒂斯塔、巴尔达诺都前来跟我一起庆祝进球，他们早把比拉尔多的禁令抛在了脑后。大家对我喊道："那球太精彩了！臭小子！实在是太精彩了！"

后来当我在本纳瑟家做客时，他也跟我谈到了第二个进球。当时本纳瑟对我敞开了心扉，他说道："那个球你也是为了我打进的，迭戈。"

"为了您？这话如何说起呢？"

"因为那一次进攻刚开始的时候，有球员汇报说有犯规动作，我原本可以吹停那次进攻的。之后，在你跑起来之后，对方也对你进行了两三次的犯规，但是你并没有停下来，而是一直在继续带球向前跑，我也就一直跟着你跑，心里想着，这个球是好球！好球啊！"

原来是这样！有利定律在球场上肯定是要坚持的。因此从这件事也可以看出这位突尼斯裁判的能力。在这次进攻中，他没有出错，完全没有出错。他非常懂得球场上的规则。当得知他并没有生我的气时，我心里非常感动，因为他并没有对自己职业生涯中的最大失误耿耿于怀，而是牢牢地记住了自己也是这场球赛的一员这个事实，并且怀抱感恩之心。这叫我怎么能不喜欢他呢！

这粒进球对我来说是伴着音乐打进的，而这个音乐就是维克多·乌戈·莫拉莱斯的解说词。这粒进球的英语解说、日语解说、德语解说的录像我都看过，甚至还有一次电视台还剪辑了一个版本，在那个版本中，最后这个球是被踢飞了。看了这么多遍各种版本的这粒进球，维克多·乌戈·莫拉莱斯的解说词可以说是独一无二的。因此我在这次将他的话原封不动地重新呈现给你们，读着他的解说词就仿佛身临其境能听到他当时是如何解说的一样。每一次听到他的解说词，我就感到浑身的热血重新沸腾了起来，就像第一次听到时的感觉一样。

> 球传给了马拉多纳。现在是马拉多纳拿球，有两名对方球员上前阻挡。马拉多纳碰到了皮球。这个世界级的足球天才选择向右一挡，现在是第三名防守队员上前阻拦！他要传球给布鲁查加吗？不，没有，还是马拉多纳拿球。天才！天才！天才！哒哒哒哒哒。球进了！球进了！我要哭了！天哪！足球万岁！天才的进球！迭戈！马拉多纳！这一刻太令人激动了，我都要哭了！请原谅我的失态。马拉多纳，一番足以写进历史的带球，史无前例的脚法，他到底是哪个星球的生物？他让英格兰队止步于此，他让整个阿根廷如握紧的拳头一般团结，让我们为阿根廷欢呼吧！阿根廷，两分！英格兰，零分！迭戈！迭戈！迭戈·阿曼多·马拉多纳！感谢上帝，为了足球，为了马拉多纳，为了这些幸福的眼泪，为了所有的一切。阿根廷，两分！英格兰，零分！

这段解说词和后来我父亲的发言，对我来说都是一种奖励，是和大力神杯一样重要的奖励。我的父亲从来没有表扬过我，从没有说过诸如“你刚才踢得真好”或者“刚才的球传得不错”这样的话。但是在我们与英格兰队的比赛结束之后，当我见到父亲，他给我了一个拥抱并且对我说：“儿子，今天你的进球确实太棒了。”他还跟我说，当他看到我进攻的时候已经有点绝望，因为他怕我会摔倒或者被绊倒，失去射门的机会。听到我父亲的话，我才最终意识到自己确实做了一件大事，意识到自己这一进球应该是非常非常伟大的进球。

这一球太精彩了，我们所有人都以为比赛到那儿就应该结束了，但情况并不是这样。当时下半场才进行了十分钟而已！之前我们浑浑噩噩，像没睡醒似的，我们也过于自信，而且发生了那个我希望从来没有发生的手球事件。在之后的比赛中，我一直充当带头人的角色，当我拿到水的时候我会把水分给其他队员。与此同时，英格兰队的队员们开始从中路对我们的大门进行疯狂的轰炸。你可以看到内里扑住了霍德尔的一粒任意球，那一脚射门非常有力，我再熟悉不过了。

同时我也了解巴恩斯，我们所有人都很了解巴恩斯，所以谁能理解比拉尔多不派任何一个球员专门去防守巴恩斯这个决定？他没有派任何人去防守巴恩斯！他把巴恩斯交给了“美国佬”朱斯蒂，他的防守还没有我好，然后又用“中国人”塔皮亚换下了布鲁，因为想得到更多的控球时间。但是巴恩斯开始从左路不断给我们制造麻烦，他总是能突破朱斯蒂的防线。之后随之而来的就是他把球传向中路，内里滑倒了，“大头”防不住莱因克尔，任意一个小机会，莱因克尔都可以抓住。你说说看，我们为什么要如此遭罪？有什么必要吗？

到那时候我才发现我必须重新拿到球，我们必须重新开始发动进攻。注意了，当时我们已经退到了后半场，而英格兰人来势汹汹，用尽全力发动进攻，我那时没有丝毫的犹豫，利用他们的小失误组织了防守反击，和第二个进球的路线很类似。我找到“中国人”，比拉尔多换他上场还是有点用处的。然后对方组成了一道很强大的防守墙来对抗我们。最后塔皮亚对着球门一脚大力射门，他如此用力以至于对方门将都脱手了。但是最终球打中了门柱，真是见了鬼了。

之后英国人又一次开始组织进攻。他们永远是从左路突破，因为他们在左路有巴恩斯，防守巴恩斯的是朱斯蒂，他被突破后恩里克又从前方退下来协助防守巴恩斯。但是没用，我们没有办法阻止巴恩斯。随即对方上演了一出和前一个进球非常类似的进攻，“黑子”巴恩斯从边线突破，把球往中路一拨，绕过我们的“黑子”恩里克，然后继续带球向前，一脚射门。皮球越过蓬皮多，像一枚导弹那样打在了远处的门柱上。就在那时上演了另一出“上帝之颈”的救球神作。“巴斯克人”奥拉蒂克耶切亚飞身扑向球门，对方的莱因克尔就在他上方，也扑了过去。但是最终皮球被奥拉蒂克耶切亚救了出来，结果确实如此，别问我他是怎样救出来的，反正球最后没进。

奥拉蒂克耶切亚救了我们所有人，他救了比拉尔多。如果这球进了的话，那么人们又会如何议论比拉尔多不换人的决定呢？人们又会如何议论巴恩斯的种种突破呢？比拉尔多本该换克劳森上场的，他真的应该这样做，每个人都意识到他的决定是错误的。

幸运的是，本纳瑟裁判比较同情我们，他几乎没有给出伤停补时的时间，因为最后比赛在第四十六分钟不到的时候就结束了。

我像疯子一般往看台的区域跑去，途中我碰到了好几个人，碰巧都是我最爱的人："加林德斯"、蒂托·本罗斯、莫林纳，还有"瞎子"西尼奥里尼。同时我还跟对方的霍德尔打了招呼，因为之前我们俩就认识，我曾经与他一同在托特汉姆队共事过。我们之间没有丝毫的愤恨，这简直太棒了。但是整个球场当时混乱成一团，摄影师们都跑到场地中央来拍照，我们所有人都在相互拥抱祝福。《阿根廷体育画报》的摄影师意大利人福特，要求我亲吻我的队服拍张照。最后这张照片恰恰成了我上一本自传《我是迭戈》的封面。当时没有比这张照片更精彩的图片了，因为它记录了一个精彩的瞬间，一个属于我的瞬间。

在回到更衣室的途中，一个英格兰的队员问我是否能跟他交换球衣，后来我才知道那应该是对方的霍奇。我对他说可以，然后我们就交换了球衣。之后英格兰队的其他一些队员也来到我们的更衣室，跟我们交换了球衣。因此我认为在我们这两支队伍之间并不存在战争一般恶劣的竞争关系，那是没有的事。

赛后尿检的时候，原本以为双方会有什么不愉快的事情发生，结果也相安无事。我、恩里克和塔塔·布朗一路唱着歌进到了房间里面。那时候对方的三名球员已经在里面做尿检了。布彻是整个英格兰球队中脾气最火爆的人物，他在我的第二个进球过程中狠狠给了我一脚，让我吃了点苦头。我还记得他碰到我，先用手指敲了敲自己的脑袋，然后举起一只拳头问我，是不是在第一个球当中犯规手球了。我一边把手指插进头发当中，一边回答他说："是用头顶进的，是头球。"于是谁也没再提起这件事了。我也知道布彻在后来一直在谈论这个球，希尔顿也一样。但是我觉得他应该是少数代表，因为其他队员在后来的日子里碰到我的时候都对我非常和善，从来没有对我有一句怨言。

当我们回到更衣室，所有人都前来向我表示祝贺。恩里克那时候蹦出一句话，后来变成了几乎和我的"上帝之手"一样著名的语句。到今天，当时的场景都历历在目：恩里克睁大眼睛、露出洁白的牙齿，他笑着大声说："好了，你们停下来吧！所有人都只是在祝贺马拉多纳，但是你们要知道那个球可是我传给他的啊！我给他制造了单独进攻的机会！"哈哈，这个恩里克，真是个不得了的人物！他在运动方面是个好手，人品更是不用说。

我还记得这场比赛结束后，在更衣室，每个人都亲吻了我，每一个人！我觉得所有那些吻都是出于对我的爱。在那个情境下，我感到自己是世界上最好的球员。巴尔达诺在离我比较远的地方对我说："迭戈，经过今天的比赛，有了那个进球，现在毫无疑问，你不仅是本次世界杯上的最佳球员，而且是当今世界上最好的球员。"

当时确实可以这么说，我也应当这样肯定自己。在这场比赛的两个进球之后，我觉得我把普拉蒂尼、济科和鲁梅尼格抛在脑后了。

之后在淋浴间冲澡的时候，我继续跟巴尔达诺和布鲁查加谈论比赛的种种，谈到了第二个进球。我说，当我面对里德的防守时，我看到我边上有两名蓝色队服的同伴，应该就是他们两个。"一个是布鲁，另一个是你。”我对巴尔达诺解释道，“但是因为你跑到我前面去了，而且跟布鲁不一样，你主动要求我传球给你。所以你知道这意味着什么吗？意味着你帮我分散了对方的注意力。”

刚说完，巴尔达诺把他的水龙头关了，然后把我的水龙头也关了，我当时浑身都是肥皂泡。他非常生气地看着我，然后对我说：“停停停，别再说了。”

“你干吗？你疯了么？你确实帮我分散了对方的注意力，因此我这是在感谢你。因为如果你当时没有过来要球的话，芬威克就不会犹豫是去防守你还是继续盯着我，你懂不懂？芬威克有可能会赶到你那里去，所以我就一直没有传球，我一直控制皮球，想让他去判断我到底是要把球传给你还是继续自己带球。因此芬威克赶不上我的步伐，他阻止不了我。你懂了没有？”

这时，巴尔达诺已经不再是文化人、思想家和正经人了，他大叫一声：“去你的！这澡我不洗了。你这是在侮辱我吧！你怎么可能在当时那种情况下还能看到周围所有的情况，做出这样的判断呢？这是不可能的！”

我向你们发誓我当时真的全都看到了。我还可以肯定地说，当时巴尔达诺上前要球这个情况确实对我非常有利，因为如果他没有上前干扰对方，芬威克就会上前盯防我，在禁区之外就对我进行犯规。如果他上前盯防我，那么我就会选择把球轻轻传给巴尔达诺，然后由他去面对门将希尔顿。

精彩的进球我也打进过不少，例如我在阿根廷青年人队时，在对阵哥伦比亚的佩雷拉俱乐部队的时候打进的一个球就非常精彩。那个进球很多人到现在还津津乐道，但是当年并没有很多观众现场看到实况。我在小洋葱头队的时候还踢进过更加精彩的进球，但是当时只有我的父母和弗朗西斯到场观看了比赛。当然了，那跟在世界杯上的进球造成的轰动没法相提并论。说实话，我从没有想到会有这样的一天，我根本连做梦都没想过。

这个进球如有神助。

自那以后，会有很多像梅西、特维斯、里克尔梅这样的球员来到这个球场，每人打进十来个比这一球更加精彩的进球。但是当时的情况太特殊了，我们刚刚与英国人经历了一场战争，在那场战争中，十七岁的阿根廷青年穿着草鞋、在极其恶劣的条件下上了战场，与英国人展开殊死搏斗。更别提最后到底有多少人在战斗中献出了生命。这个情况是其他任何比赛无法比拟的。因此，这场比赛会被代代相传，父亲们会讲述给儿子们听，儿子们又会讲述给他们的儿子们听。正因为如此，已经三十年过去了，人们仍然在谈论这场比赛。

当然了，现在的孩子们多半在PS游戏机上玩足球游戏，而我对PS游戏机不屑一顾，我不喜欢这个玩意儿，因为虽然你在游戏里可以成为一个虚拟的足球运动员，但是你并不能成为真正的足球运动员。也正因为这个原因，到现在还有十几岁的孩子们把马拉多纳的名字文在身上，这种行为看起来很疯狂，只能用我对英格兰的进球来解释。

这是因为我进的那两个球。

三十年之后的今天，我第一次完完整整地观看这场比赛的时候，我觉得最激动人心的时刻正是裁判吹响哨声，宣布比赛结束的那一刻。那声哨声意味着阿根廷以2∶1赢得了与英格兰队的比赛，意味着我打进了两个球的事实要被永久地写进历史，意味着我想要再一次呼唤布宜诺斯艾利斯，想要拥抱所有爱我的人。

我不记得第一次跟我的女儿们一同观看这几个进球是在什么时候了，完全不记得。但是我很清楚的是我的女儿们——达尔玛和贾尼娜，还有长到十八岁我才知道她存在的亚娜——为她们的老爸感到特别自豪，她们为我打进的球感到骄傲，为我的事业感到骄傲，这使我感到非常幸福。那种幸福感与她们看到我的这两个进球还有其他一些精彩进球时，对我说“老爸，你什么时候能再踢进几个那样漂亮的进球”时，如出一辙。

之前记者问我怎么看梅西对赫塔费比赛时的进球。但是拜托，不要问我这个问题，我以前跟里埃思特拉俱乐部队比赛的时候进过比这个更加精彩的球。我们不要进行这种愚蠢的比较，因为这种比较对于梅西和我而言都是一种烦恼。媒体都说：“因为梅西踢进了一模一样的球……”拜托，这种话不要再说了。请不要再给我们徒增烦恼。

梅西可以成为比我更加伟大的球员，他当然可以做到。但是我在跟英格兰队的比赛中打进了两个球，这两个球可以告慰在马岛战争中牺牲的阿根廷年轻人，也为他们的父母带去了安慰。因此，我为这些人所做的事，没有人能做到，因为不会再发生一场战争了，也不应该再出现另一场战争了。因为如果战争再次出现，就意味着又出现了一个加尔铁里，而世界上没有人会希望再出现一个加尔铁里式的人物。

因此我要说，这个球再也不可能被复制出来，不可能的。比这个球更漂亮的进球是有可能出现，但是我认为这种可能性微乎其微。

那个进球独一无二，几乎不能用言语来形容，也无法用文字来表达。我不知道是否正如一些人所说，它汇集了阿根廷人在足球上的天赋和狡诈。我不知道这话对不对，我也不在乎。但是有一件事我非常清楚：如果我是个普通人，一个来自菲奥里托镇的无名小卒，我会说：“马拉多纳在跟英格兰队比赛的时候打进了一个手球，然后他又踢进一个超级精彩的球，我非常非常开心。”不管有没有人生气，我都会这样说。如果我是一个普通阿根廷人，一个来自菲奥里托镇的无名小卒，我发誓我一定是这样想的。

第八章

马拉多纳对马拉多纳

阿根廷 2：比利时 0

6 月 25 日，周三，墨西哥城

我有句话要对大家说：千万别将我在这场比赛当中的进球和上一场对阵英格兰队的进球相提并论。这话本来我是对我弟弟说的，因为他是第一个将两场比赛的进球做比较的人，但是这也是我想对所有人说的话。我想说：拜托，千万别说我在这场比赛中的进球比上一场的还要精彩。我承认在跟比利时队进行比赛时我打进的那个球是很漂亮，但是那种进球在其他任何一场比赛中都有可能出现，你只需要运用好腿部的力量，摆脱对方的防守队员，然后对准远处的门柱一脚射门就可以了。我当时的速度快极了，简直不可思议，甚至都不需要做出一些假动作，因为只凭借速度我就能甩掉所有人。因此，这场比赛的进球没有什么秘诀，类似的进球都没有秘诀。或者说，秘诀仅在于到了世界杯半决赛的时候，我们已经觉得身经百战，战无不胜了。但是，当时我们不知道的是，我们面对的比利时队堪称历史上最强大的比利时队。但是这支队伍和其他队伍相比，实力上确实存在着很大的差距。

我们心怀壮志

应该承认，这场比赛我们打得很精彩。你们知道吗？比利时方面想重新踢一场比赛。这是真的，前不久，比利时那边给我打电话，说是想要在三十年之后，以一场友谊赛的方式纪念当年的半决赛。我认为这个提议很不错，因为我觉得当年的比利时队是一支非常棒的队伍。同时，我也对他们的主教练居伊·蒂斯在赛后说的话感到非常感激。这个教练当时的原话是："如果我们也有马拉多纳，那这场2∶0的比赛最后赢家就是我们。"虽然在这场比赛中我没有打进像对阵英格兰时那样精彩的进球，我的表现也没有对阵乌拉圭时那么亮眼，因为那是我在墨西哥世界杯上的最佳表现，但是在半决赛的赛场上我凭借坚定的意志，最终超越了自己。

在那次比赛中我同样战胜了自己，因为在百般挣扎之后，我终于说服自己相信我们的队伍并不是一个容易被战胜的对手。我对自己的队员们说："这次的比赛我们一定要拿出满分的精神，全力以赴，知道吗？你们也看到了，比利时人绝不是什么简单的角色，不管怎样，他们一路走到了半决赛。我们必须在比赛一开始就给对方当头一棒，施以压力。如果我们现在就认为赢定了的话，那么比利时人就会像对付苏联人一样给我们以颜色。"

比利时人到了半决赛的时候倒像是宠辱不惊的局外人，当记者向他们提问时，他们回答道："我们没有什么可失去的了。"他们这话当然是对的，他们只是一开始在世界杯首秀赛场上输掉了和墨西哥队的比赛，之后他们轻松战胜了伊拉克，然后和乌拉圭队打成平手。在八分之一决赛中，比利时队又与苏联队贡献了一场进球大战，最后以4∶3赢得了比赛。我没记错的话，当年的裁判几乎已经把手伸到苏联队的口袋里要钱去了，但是即便如此，比利时队还是赢了。在那场比赛中，希福打进了一球，他在一次调查当中声称本次世界杯的输家将会是我们阿根廷人。此外，比利时队还拥有伟大的瑟勒曼斯，他与尼科·克拉森的配合非常完美，我相当欣赏。

在闯进半决赛之前，比利时把西班牙人拉下了马，后者在世界杯决赛阶段一路过关斩将，在与丹麦比赛时甚至狂灌对方五个球！不仅如此，西班牙队还拥有“秃鹫”布特拉格尼奥这样的队员。“秃鹫”长着一张每天按时完成功课的好学生脸，但是在赛场上他却凶狠无比，令人无法喘息。他绝不会放过你的任何一次失误，就像丹麦门将奥尔森出击那次一样，对方一旦失误，他就抓住了机会。西班牙进的五个球当中，有四个是布特拉格尼奥打进的。

说实话，单凭技术，我们在半决赛的对手应该是西班牙队，他们在后防线上还有卡马乔这样的人物……我怎么能把卡马乔给忘了呢！当年我在巴萨效力时，身上的很多伤都是拜他所赐。因此，现在人们谈起盯人防守、球场暴力等话题时，我真想让所有人都看看当年巴萨对战皇马的那些经典比赛。我的天哪，当时我真是被踢惨了！在一次国王杯的决赛中，甚至有一脚直接踢在了我的屁股上！话说回来，不管怎样，那支由老穆尼奥斯带队的西班牙国家队在墨西哥世界杯上更多的是想要踢好比赛，而不是想着踢人。这支队伍中在墨西哥大放异彩的还有卡尔德雷，他的事迹我到了美国以后都还能想起来。

当时，西班牙队在与北爱尔兰队进行了一场艰苦的比赛之后艰难获胜，但是卡尔德雷却被查出因服用黄麻碱，药检呈阳性。听说那是因为他需要治疗支气管炎而服用的药物，帕萨雷拉当年也有这个毛病，但是也不知哪个居心叵测之徒声称卡尔德雷是个瘾君子，因此他被查了。

卡尔德雷和我面临着类似的情况，但是不同之处在于当时有个医生站出来为他承担了责任。西班牙足联只得开出罚单，然后这件事就此了结，卡尔德雷可以继续比赛，就跟没事人一样。然而对我，那些人却选择了放手不管，首先是格隆多纳，接着是乌加尔德医生。

在与比利时队的比赛中，卡尔德雷是西班牙队的队长，他们最后在加时赛中战成了1∶1平，对方的功臣是门将普法夫。最后时刻瑟勒曼斯的射门不入，比赛拖入了点球大战。最后比利时的门将普法夫扑住了一球，助球队顺利过关。因此，阻拦比利时进入决赛成了我们的任务，我们为此必须铆足精神，全力以赴。

在2014年巴西世界杯上，当我们在四分之一决赛中碰上比利时队的时候，很多人都问我是否想起了当年对战比利时队的画面。说实话，我并没有把这两场比赛联系在一起。首先，墨西哥世界杯上我们是在半决赛上相遇的，其次，我认为那时的比利时队已经完全不是原来的队伍了，他们在战术方面发生了很大的变化。在巴西世界杯上，我观看了比利时与美国队的比赛，他们的中场变得很有战斗力，也很有技术。当时比利时的中场核心是5号球员维采尔，之后还有费莱尼、默滕斯和阿扎尔，我非常喜欢后者。他们这几个中场球员战斗力很强，可以看出这是一支很有干劲的队伍。我当时看到他们的主教练威尔莫茨做一个手势，球队就全线收缩防守，再做另一个手势，球队又开始放开进攻。可以看出那时候的比利时队很有想法，训练有素。他们本可以让阿根廷队出局，当然了，他们有这个实力，但是阿根廷队也没那么容易对付，一旦发力，最终也能打败比利时队。

我们这支阿根廷队不同，我们已经胸怀壮志、精神百倍，准备战斗了。

在巴西世界杯上，阿根廷与比利时的那场比赛，在我看来，完全印证了我在赛前对马斯切拉诺的评价。你们能想象当我说出比赛就是马斯切拉诺加上另外十名球员这话的时候大伙儿嘲笑的神情吗？事实证明，马斯切拉诺就是一头猛兽。我认为马斯切拉诺和梅西都会在阿根廷足球历史上留下自己的名字，他们两个比其他任何人都值得被载入史册。但是那场比赛，那个下午，马斯切拉诺才是真正的头号球星。我还记得他当天的形象，不算高大的身板，坚定地站在费莱尼和维采尔的面前，仿佛巨人一般。

然而三十年前我们和比利时队的比赛完全不同，只要我们当时继续保持良好势头，不犯迷糊，那么进入决赛的一定就是我们。于是我们带着十足的冲劲和清醒的头脑开始了比赛，但是没想到，开场没多久，我们就犯起了糊涂。

史上最佳的比利时队

我现在重新观看这场比赛，历历在目，记忆非常清晰。当时的比利时队设有一个自由人朗坎，他前面有三个队员，格雷茨、德莫尔和费福尔特。格伦与他们通力合作，再往前就是韦科特朗，之后是锋线上的克拉森和瑟勒曼斯。我当时与希福之间的火药味甚浓，因为我对他关于我们会失败的言论还耿耿于怀。

比利时队并没有派任何一名球员专门盯防我，这大概是这届世界杯上头一遭。在比赛最初的五分钟内，我进行了几次传球，踢了一记蝎子摆尾，然后又做了几个假动作。我差一点就撼动了普法夫防守的大门。他将我的球打了出来，反弹球给巴尔达诺拿到了，然后他手球打进了球门。

我也不知道是否正因为我们开局非常顺利，在比赛进行到十分钟时，我们开始昏昏欲睡。那是我们在阿兹特克球场进行的第一场比赛，我可不想它成为最后一场比赛，绝对不能！

三十年前，照相机还不是太普及，不像现在这个社会，在浴室里都有人自拍。幸好当时没有照相机，否则我们去往更衣室途中的情形被拍下来也要掀起一番风浪了。当时我们开了一个短会，因为我觉得我们在被比利时人拖着走，十分被动。我们显然被"史上最佳的比利时队"这个名头震慑住了，已经晕头转向。我抓住鲁杰里对他说："'大头'，你去走廊尽头大叫几声清醒一下！局面不应该是现在这样！不是这样！"

下半场开始，我们都像换了个人，面貌焕然一新。当鲁杰里、巴尔达诺和我，我们三个人一同呐喊为自己助威的时候，其他人都傻眼了。我们的队员和对方的队员都傻眼了。但我觉得我一定要担负起队长的责任，一定要把局面扭转过来。我决定凭借个人的力量赢得这场比赛。当然，成就我个人的英雄形象也少不了同伴的协助。

从下半场第十分钟开始，我要赢球了。

直捣禁区

当时我们一半的人都在后半场防守，对方也没能顺利到达我们的禁区，这就给了我们喘息的机会。在一次进攻中，我们从底线出发，由"黑子"恩里克带球，之后传给了由右路跑至中场的布鲁。之后我接布鲁的传球，然后直奔禁区而去。布鲁当时的传球就是现在人们所说的渗透式传球，威胁力惊人。他的这个传球威力巨大，我绕着8字形，从外围往中心突破，就在这时，对方的两名防守队员对我进行关门防守(现在我看清楚了，是韦科特朗和德莫尔)，然后门将普法夫也疯狂出击，于是我用左脚把球拨过了他的头顶，送出了致命一击。这粒进球的秘诀在于我用速度战胜了那两位防守队员。我当时看到了普法夫出来想要拿球，但是我抢先一步把球踢过了他的头顶。

就这样，我打开了，更确切地说，我和我的队员们打开了进攻的道路。现在的问题就在于如何沿着这条道路继续往下走。显然这条路不容易走。在控球时间上，比利时队仍然占上风，但是多半集中在横向传球上。我当时独自跑动的时间较多，一心想着一旦有机会，我就一定要抓住。在一次进攻当中，面对希福时，我成功骗过了他，希福对我犯规，我并没有停下脚步。但是正当我想再一次从右路突破到球门口的时候，来自墨西哥的裁判马尔克斯吹响哨声，让我停了下来。他本应该按照进攻有利的原则让我继续比赛的，这个顽固的人！但是从此我找到了比赛的方法，那就是要不停地单挑。在一对一的情况下，谁也拦不住我。

随后我突然进行了一次突破，左路留下了“巴斯克人”一人。两分钟之后，我从右路将球传给了从后方赶上来的恩里克。在中场，对方在我开始提速的时候犯规将我绊倒在地，但是墨西哥裁判没有做出任何表示。我们分别从左路、右路、中路发动了不同的进攻。那是我们状态最好的几分钟，之后“巴斯克人”就得到了一次射门的机会，门将普法夫将球救出。第二个进球一定就要到了，很快就到。

那一刻果然来了。

比利时人从后半场一脚长传，库奇乌夫抢在对方前锋之前用胸部将球拦下。随后库奇乌夫就发动了进攻，这个厚脸皮，他的胸部还隐隐作痛呢。当时他的战术就是现在所说的左路阻截战术，他将直面对方门将普法夫。他带球越过半场，然后将球传到我的脚下，他继续往前场跑去，等着我再将球塞给他，然后由他进行射门。他真是个厚脸皮，不是吗？但是我没有选择传球给他。因此我说这场比赛是我一个人赢下的，但也得益于队友的帮助，因为他们的种种行动让对方球员分了心。

我为什么没有把球再塞给库奇乌夫呢？因为对方的防守队员已经认定我肯定会将球再传给他，所以我绝对不会这么做。我晃过了对方的格伦，然后从中场往左边斜线插上，直捣禁区。库奇乌夫仍然在我的左边跑动，为我打开了局面，而比利时人都在我的右边。

第二个进球的秘诀在于腿部力量。我当时带球的速度快极了，对方的格雷茨想要过来铲倒我之前，我就已经抬脚射门了。普法夫又一次狼狈地上前封堵，我每次都能看到他的黄色守门员服装在我眼前晃悠。

在这个进球的过程中有一个细节被“左撇子”洛佩兹看在了眼里，后来回到训练基地他想跟我讨论为什么我在进球的时候伸出了舌头。在他看来有两个原因，第一是因为我想要伸舌头，第二是因为这个动作能帮助我保持平衡。如果你们能看到这个进球回放就会发现，我一直都有点向左边倾斜，但是却没有摔倒，就连我握紧拳头疯狂庆祝进球的时候也没有摔倒，我当时就知道那是势在必进的一球。从那以后，“左撇子”总是对我说：“迭戈，你要记得伸舌头，你别忘了伸舌头。”但是我却从不去多想这些事情，这都是自然而然发生的。

我只知道，在进球以后，我心中所想总是同一个人，那就是我的母亲托塔。我总是想象着她看到我进球应该有多高兴。当我回到场地中央，与第一个上前与我庆祝的“巴斯克人”拥抱之后，我看向观众席，看到了我的父亲唐迭戈，于是我握紧拳头向他示意。

我进球后想到的是我的父母亲，人总是会很自然地想到始终信任自己的人，而不是其他不相干的人。比赛结束后，我们所有人都上了大巴车，但是当时我心中怀有恐惧，我不喜欢这种感觉。在听过了那么多反对的声音之后，现在获得的成绩会让我们很容易松懈下来，让我们不思进取，让我们沾沾自喜。这是再普通不过的事情。但我们不是一支普通的球队，我们已经习惯了在逆境中生存，习惯了与所有敌人对抗。恶劣的环境让我们变得更加强大。等到最后赢得比赛的时刻，就是我们疯狂庆祝的时刻。

英雄们

我们最终在跟比利时队的比赛中打进了两球。我多想打进一千个进球啊！倒不是因为对手是比利时，而是想打击我们其他的对手，那些当年无情地给予我们致命打击的对手们。

随着比赛进行，鲁梅尼格所在的西德队已经淘汰了普拉蒂尼所在的法国队，而济科所在的巴西队早已回了老家。现在我还剩一场比赛来证明我的想法，证明我是最好的球员。当时，我的自信心爆棚，认为自己面对任何一个对手都可以轻松战胜对方。我可以打败普拉蒂尼，也可以打败鲁梅尼格。后者在我看来完全是一位绅士，一位彻彻底底的绅士。但是，对我来说更重要的是，我们只剩下一场球赛来证明我们是最好的球员，证明我们队一路走来成长巨大。最终，你们能看到巴蒂斯塔和布鲁查加在同一支球队并肩作战，这是一种什么样的感受啊！

这场比赛进行得非常顺利，最后还把博奇尼换上了场。在距离比赛结束还有五分钟时，博奇尼上场换下了布鲁。对于我来说他的上场非比寻常，因为众所周知他是我青年时期的偶像，我非常欣赏他在赛场上的英姿。我眼中的博奇尼就是球场上最闪亮的那颗宝石。而对于博奇尼而言，他在世界杯结束后说自己配不上冠军的称号，能够上场对于他来说已经是一种荣誉。很久以后我懂了他这番话的含义，至少我是这么认为的。“博查”有点疯癫，但是他仍然是足球历史上的伟人。我们全队所有人都出现在了冠军影片当中，从第一个到最后一个，即使一分钟都没上场的人也没有被落下。甚至连帕萨雷拉也出现在影片当中，即使他可能和冠军的称号并不相配。既然世界杯官方影片的题目就是“英雄”，那么我想比赛进行到这个阶段，我们已经证明了自己确实可以配得上英雄的称号了。

我还记得就在那段时间里，在世界杯正进行到最紧张的阶段时，意大利国家电视台突然想要将著名球星和歌手联合起来做一期特别节目。就在世界杯白热化的阶段，节目组邀请我、普拉蒂尼和鲁梅尼格各自携手一位歌手上节目。我记得普拉蒂尼邀请了一位法国女歌手，我不记得她的名字了。而我邀请了瓦莱里娅·林奇。节目组甚至把意大利小提琴大师皮亚佐拉也请上了节目。意大利人就是这样，他们想要做一件事情，就绝对会做得极其盛大。

节目录制当天，所有人都在等我，但是事前并没有人通知我时间，而且我也没有多想，因为我认为在世界杯最紧张的时候做节目简直是天方夜谭。因此当一辆汽车停在训练基地门口准备接我去录节目的时候，我甚至对来接我的人说别发疯了，没有人通知过我那天要去录节目。但是后来意大利人把这个事情解决得很好。他们还是录制了节目，瓦莱里娅在节目上演唱了歌曲，然后经过允许，他们把瓦莱里娅带到了训练基地。我当时对她说她是我的偶像，而瓦莱里娅也说我是她的偶像。

至今，只要我听到瓦莱里娅的歌声或者关于她的事情，我都会无比激动。每当听到她唱到“每天你给予我更多”，我就会陷入思考，画面如同在播放慢镜头。我也想每天给阿根廷人民带去更多的惊喜。在那届世界杯上，我离这个目标越来越近，最后，对于我和我的球队来说，只差一步。不多不少，只差最后一步。

第九章

我们是世界冠军

阿根廷 3：西德 2

6 月 29 日，周日，墨西哥城

当克劳迪娅飞回布宜诺斯艾利斯去接达尔玛的时候，我才真正感受到紧张。与西德队进行决赛的前一天晚上，我辗转难眠。这种情况从来没有在我身上出现过，之后也没有，因为我从来没有为足球这项运动感到紧张过。如果我清楚到底要怎么做，又怎么会感到紧张呢？在足球世界，这是一件非常简单的事情：要么被对手打败，要么打败对手成为冠军。三十年前，我坚信没有任何对手可以从我的脚下把球抢走。

即便如此，我还是睡不着，对此我真是束手无策。

我躺在小床上辗转反侧，突然发现佩德罗也一样，我们两人面面相觑，于是决定一同出去散个步。我们出了房间，发现巴尔达诺也一样睡不着，正待在训练基地的"孤岛"上发呆。唯一一个睡得像小天使的人是特罗比亚尼。这个没心没肺的家伙，他怎么能够睡着的？真是难以想象。

用巴尔达诺的话说，我们之所以睡不着是因为恐惧，巨大的恐惧让我们无法入睡。但是我感到的并不是恐惧。我希望比赛立刻开始，越早越好。我不想把精力耗费在无谓的等待当中，或是耗费在夜间散步当中。这个时刻我们已经等待了太久，我们一路历经千辛万苦才走到了这里。因此，这种恐惧绝不是因为我们害怕会输掉决赛，而是因为我们害怕决赛永远不会到来，至少对于我来说是这样。另外，我也不知道为什么，在决赛前一天，也就是6月28日周六的时候，训练基地里一片吵闹，简直闹翻了天。原来比拉尔多让所有赶来墨西哥的阿根廷球迷进到训练基地里来了。

我的父亲未卜先知

周四，我们接受了媒体的采访。由于当时并不是新闻发布会的时间，我一看到记者们端着摄像机的阵仗，就赶紧向训练场的方向跑去。很多人都认为我当时是在逃避，但事实并不是这样，因为我跑到了场地边上的铁丝网那里，铁丝网比我矮一些，正好到我脖子的位置。我隔着铁丝网，叫记者们到我这里来。于是我在球场内，记者们在球场外，我们隔着铁丝网完成了采访。我在那儿待了一个小时，当时的我非常开心，一直在笑，根本停不下来。甚至有头脑发热之徒向我提出“当你向观众席飞吻的时候，是不是在取悦墨西哥观众？”这种无聊问题的时候，我也没有生气。但是，这关墨西哥观众什么事？

我对于这个问题的回答是这样的：“我不是虚伪的人，我向观众席飞吻不是为了取悦观众，不关墨西哥观众或者其他任何人的事。我很尊重观众朋友，我尊重所有的人。但是这些吻是献给我父亲的，他就坐在包厢看台上观看比赛。我向你保证，如果我向观众席飞吻，那就是因为我想要这么做。”

说到我的父亲，赛前有为数不多的几个人向我表达过他们最喜爱的球队是西德队，而我父亲就是其中之一。他不是到了决赛前几天才说这话的，他在世界杯决赛阶段开始之前就这么说了！我的父亲简直是一位智者。在决赛开始前那段时间里，这个想法一直在我脑海里盘旋。

因此，凡是可以在决赛前让我们放松的事情，我们来者不拒。例如在周五，距离决赛还有四十八小时的时候，我们决定延续之前的传统，去了佩里叙购物中心。这个传统始于我们的世界杯首秀比赛开始之前，在之后的六场比赛开场两天前，我们每次都要去这个购物中心。周五的下午，六点之后，大巴一如既往地开出了训练基地。大巴前的两位摩托车手还是托比亚斯和赫苏斯，身后是七辆安保车。我们当时以这个阵仗在美洲训练基地的大门里等待出发。当大门打开，我简直不敢相信眼前的一切：在门外等待的球迷数量比阿兹特克球场的观众还要多。直到我看到了那一幕，我才真正意识到我们引起的关注到底有多大。当然，我们一开始并没有那么多球迷，因为当时的我们是一支无人认可的队伍。而现在，我们已经成了准冠军，是世界杯决赛的两支队伍之一！于是，当时我们所有人登上大巴，那情形就仿佛我们即将前往决赛赛场，大巴周围挤满了安保人员和热情的球迷。

那天真是太混乱了！我记得在购物中心里我穿着萨尔瓦托雷·巴尼的意大利队服一路小跑，最后和“疯子加林德斯”一起躲进了我们一直光顾的海伦冰淇淋店。我们在那个店里待了足足两个小时。大概晚上八点左右，我们开始了艰难的回程之旅。我估计当晚我签的名比我在那不勒斯队时签的所有签名都多。甚至连我们的理疗师莫里纳都被人要了签名。之后我们不得不再一次躲进了佩德罗的餐厅里，显然那儿已经成了我们的家。之前我们一起为他的餐厅装饰了一番，我们在墙上挂上照片和报纸的报道。一切都那么顺理成章，因为我们从5月5日开始就待在他那儿，而眼下已经到了6月29日，那个令人难忘的周日。

亚军？绝无可能！

我估计我从来没有在早上七点半醒来还感到如此愉快过。通常在那个时间，我应该睡得像死猪一样，所以决赛那天绝对是不平凡的一天。当天早上七点半的时候，我已经在想象本罗斯在阿兹特克球场的更衣室里张罗一切的画面了。我的彪马国王钉鞋会被他擦得锃亮。我都不知道他到底做了什么能让我的鞋子一直看起来像新的一样。

“本罗斯，你给这个鞋子上了什么神奇的鞋油啊？你快点告诉我，这样等我回到那不勒斯而你又不在我身边时，我的鞋子还能保持这么光鲜。”

他没有回答我。后来我从他写的书中得知，当时他使用了一种硅油膏，那种东西原本是用来擦拭马鞍的。

而那时的我，恰恰已经成了一匹小马驹。

那天的情形与我们对阵英格兰队时非常相似，我们所有人一早都做好了出发的准备，在赛前半小时准备登上大巴。我们得在九点半的时候出发开往离训练基地只有十分钟车程的阿兹特克球场。虽然路程只有十分钟，但是所有人已经迫不及待地想要出现在赛场上。九点多的时候气温已经非常高了，而我们的决赛更是被安排在了中午举行。中午比赛！去他的！话说回来，我觉得这个安排对德国人更加不利。

在通往球场的路上我们一路高歌。和往常一样，带头唱歌的是我们这几个不安分的活跃分子，包括伊斯拉斯、阿尔米龙、塔皮亚等。一到达球场，我们就钻进了更衣室，仿佛那里已经成了我们的家。因为我们在那个球场经历了对战英格兰人的四分之一决赛和对战比利时人的半决赛。大家都很清楚库奇乌夫要把卢汉圣母像摆在哪里，也知道每个人要坐的位置，知道内里一定要先去我进球的球门后方坐上几分钟。一切都是那么熟悉。阿兹特克体育场对我们来说就像自己家一样，但是在决赛那天，整个球场的气氛对我们并不是那么友好。我曾经说过“拉美情谊都是放屁”这种话，因为在我看来，当时场上观众都在为西德队欢呼呐喊，这简直令人无法理解，因为对方明明是一支欧洲劲旅，这与在我们的世界杯首秀上，观众为韩国助威的情况不一样。后者我可以理解，但是为西德队加油？请恕我直言，我真的不知道为什么会变成这种局面。也许正因为如此，情况反而对我们有利。因为当时我们已经完全不会去怀疑自己的能力，我们坚信自己就是世界上最好的球员。

因此在上场前，我对队员们说出了我内心深处的感受：“伙计们，我们已经做了很多，但是如果输掉了这场比赛，那么一切努力都是徒劳。亚军？绝无可能！大家现在闭上眼睛想一想，首先想想家人，再想想我们的朋友，想想那些在没人看好我们的时候一直对我们不离不弃的支持者，再想想那些想要看我们好戏的人。最后想一想那些等着我们失败之后把我们钉上十字架的人。加油吧！各位，加油！”

决赛当天的阿兹特克体育场里拥进了十一万五千名观众。十一万五千名！在世界杯决赛阶段，我们一路过关斩将，以不败战绩来到了决赛，让一众不看好我们的人大跌眼镜。六场比赛，五胜一平，一场比一场精彩。而且我们从未打过加时赛，在九十分钟的比赛里，我们就锁定了胜局，我们与韩国队、意大利队、保加利亚队、乌拉圭队、英格兰队以及比利时队一一过招。这一路走来取得的成绩绝不简单，因为我们在创造历史，我们在书写新的历史。传统欧洲强队意大利，已经回家了。拉普拉塔河流域的老牌强队乌拉圭，回家了。强手中的强手，而且是刚刚跟我们打过仗的英格兰，也回家了。我们就差跟巴西队碰面了，但是没办法，巴西队和普拉蒂尼带领的法国队打了一场硬仗，最后输在了点球大赛上。原本应该跟我一起争夺冠军的济科，因为身体不在最佳状态，没能把这届世界杯的比赛踢好，这点显而易见。而苏格拉底和儒尼奥尔倒是还能保持一些巨星球员的风范，但是这支队伍和四年前特莱·桑塔纳领导的那届巴西队不可同日而语。

而法国队在半决赛上遇到了西德，被对方打了个落花流水。法国队惨败的原因在于普拉蒂尼在应该出现的时候却没有出现，他被对方的罗尔夫看得死死的。之后的比赛，就像我说的，对付德国人必须进行猛攻，要疯狂射门十次才可能打败他们，因为他们有布里格尔从后方上前盯住你，还有马加特在中场断球，有马特乌斯跟你一对一防守，还有布雷梅、弗勒这样的球员，随便哪个人都可能射门进球，就像他们跟法国队比赛时的表现一样。

我们就在这样的状态下又一次遇上了西德队。要知道这是一支决赛经验丰富的球队，他们在1982年西班牙世界杯也闯进了决赛，再加上他们的主教练是贝肯鲍尔，他的决赛经验就更无需赘言。与他们对战的我们简直就是一群反抗分子，成员不断遭受舆论批评，被激怒但也乐此不疲。在我们二十二名队员当中，只有五个人有世界杯决赛阶段的经验，而这中间还包括坐在板凳席上不上场的“恺撒”帕萨雷拉。另外四人分别是内里、“巴斯克人”、巴尔达诺和我。因此我们几个自然进入了首发阵容。

决赛的首发阵容与我们对阵英格兰队时的阵容一致，这是我们第四次使用这个阵容作为首发。现在看起来，这个阵容里面确实有自由后卫、阻截后卫、边锋等安排，但是我们一开始并没有这样的想法，我们开始比赛时并不是这样安排的。现在所有的人都记得决赛时的阵容，我也不例外。

门将是内里；塔塔是自由后卫；库楚和“大头”是阻截后卫；“美国佬”是右路边卫，“巴斯克人”是左路边卫；“切乔”在中场靠后的位置；“黑子”恩里克在中场靠右的位置；布鲁查加中场靠左，豪尔赫在前场；我自由跑动，想去哪儿都可以。

对方的大门由舒马赫防守；布雷梅为后卫；福斯特和雅各布斯为中卫；布里格尔在左后卫；贝特霍尔德、马特乌斯、埃德尔和马加特为中场主要控球队员；前锋是阿洛夫斯和鲁梅尼格。

我们从更衣室出发，顺着平路一路走向球场，那感觉就像走在通往家乡的路上。我打头，布鲁押后。我们一直以来都是以这样的列队出场。之前我们在每次上场前，一路都吵闹得跟马戏团一样，尤其是塔塔·布朗，欢快的气氛就像是必不可少的仪式，从与保加利亚队比赛的时候开始一直延续到决赛，到了决赛再往回看，与保加利亚队的比赛仿佛已经隔了一个世纪那么久。而以严肃著称的西德队队员，看我们的眼神就像在看疯子表演一样，但是他们并没有表现出厌恶之情。于是我对塔塔说：“这些德国人不一样，他们不会被任何事情吓到，所以我们的小把戏对他们来说没有任何效果。”

之前在更衣室里，我已经跟布朗严肃地谈过一次话。我对他说：“塔塔，你是世界上最好的自由后卫，你明白吗？全世界最好的。在西班牙人俱乐部时他们没有让你首发，但是在这个世界杯赛场上你就是独一无二的。你一定会让德国人看到你的真本事。你明白我说的话了吗？”之后，我在塔塔头上亲了一下。随后我又开玩笑似的对他说：“你这个头是谁给你剪的？臭小子！”

当我们站在场地中央准备唱国歌时，我们已经完全进入比赛的氛围当中，变得非常严肃。国歌又一次震撼了我的内心：每当我唱起国歌，那旋律就会直达我的灵魂深处，让我的全身充满力量。我感到队长袖标紧紧地捆住了我的胳膊，我不由得再摸了摸袖标。我当时想到了很多人，很多事，我想到了菲奥里托，我出生和成长的地方。到现在为止，每当我听到国歌奏起，我还是会想起这个地方。

当时我们就站在阿兹特克球场的中央准备进行世界杯的决赛，画面看上去我们仿佛身处一只巨型蜘蛛的阴影之下。那影子应该来自一家电视台的摄像机，我不确定。但画面看起来就像是在草坪上画了一只巨大的蜘蛛。

国歌一结束，我和塔塔他们几个人就大吼一声给自己鼓劲。我们围成一圈，身体前倾，大声叫着“加油！加油！”为自己的队伍鼓劲。当时我们十一个队员就像是即将奔赴沙场的战士，如果是踏上了敌人的土地，则对我们更加有利。于是比赛刚开始不到一分钟，我就发觉整个球场的气氛确实对我们不利，当时我接到了一脚传球，但是我把球弄丢了，于是现场立刻传来了嘘声。原来几乎现场的所有球迷都是与我们对着干的？好吧，那咱们就走着瞧。

注意了，我说的是“几乎所有人”，因为现场还有一些阿根廷球迷和意大利球迷，确切地说是那不勒斯球迷。到我们进入决赛时，突然所有人都成了我们的球迷，从四面八方赶来给我们加油助威。还有人特地从阿根廷包机前来观看比赛。甚至有政府官员前来观赛。那些政府官员，恰恰就是之前想要让比拉尔多下课而被我阻止的同一批人。

比赛进行到三分钟时，对方对我第一次犯规。我立刻就明白了决赛中我要面对的是对方的洛塔尔·马特乌斯。值得一提的是，这次犯规不是普通的针对球员的恶意犯规，不是像罗尔夫对付普拉蒂尼那样的犯规。洛塔尔更加懂得如何踢球，他的身体素质很好，但也不至于令人害怕。他速度很快，在防守对抗时非常灵活，如果他断下了你的球，随即就会转身护球，并且将球传给另一个同伴。他完全可以成为球队的10号球员，但是他直到球员生涯结束都一直在踢自由后卫。洛塔尔，绝对是个好手。同时他也是我的朋友。但是在那个下午，他成了我的敌人，我最主要的敌人。

了解场上的情况后，我就去右侧跑动，洛塔尔跟了上来。如果我没办法进球，那么我希望其他的队友可以进球。我本人进不进球对我来说并不重要，重要的是我们的队伍要赢得这场比赛。我跑到右侧的目的是想要给队伍创造更多机会，这比我个人出风头更加重要。比赛初始阶段，马特乌斯很活跃，如果我跑动的范围不大，他并不会一直盯着我。但是贝肯鲍尔在场边对他喊了几声，于是他开始对我进行密集的盯人防守，我跑到哪儿他就跑到哪儿。

在决赛结束三十年后的今天，我第一次回看这场比赛，我这次才发现原来在场上对方球员不断地在对我进行犯规，但是我记忆中并没有这种感觉。我可以慢慢回顾这场比赛，一分钟都不落下，但是我非常想要让记忆快进，快进到讨厌的主裁判阿尔皮·菲尔霍没有判罚给我的那个点球。阿尔皮·菲尔霍，他恰巧就是1985年6月我们和秘鲁队那场比赛的主裁判，那场比赛胜利之后我们就获得了世界杯决赛圈资格。

不过还是让我们慢慢来回顾这场比赛吧。因为这是非同寻常的一场比赛，因为这是世界杯的决赛。

球权必须由我们掌握

比赛刚刚进行了五分钟，我们就让德国人明白这是一场必须由我们掌控的比赛。“巴斯克人”真称得上是个野兽般存在的球员，他收紧了左路进攻的路线，并且在快要出界时大力一脚将皮球从接近角球的位置射出。禁区内的"切乔"和舒马赫争相去拿球，但是都没有拿到球。从这球开始，舒马赫的噩梦开始了。我必须对准球门不断地进攻。不管是打高球还是踢出地滚球，我都必须不断进攻。

防守也是我的任务，所以我也会在底线自由跑动，因此我算是个自由后卫。如果需要我跑到前场支援，我也一定会完成任务。另外，德国人把先后在维罗纳和罗马都有比赛经验的贝特霍尔德也派上了场，目的是要加强跑动，多拿到球权，因为当时马特乌斯已经完全投入到了对我的防守当中，那就意味着德国队少了一个能发动进攻的人。但是我们并没有这样设计，我们进攻球员的人数一个都不会少。

在球场上，双方的其他球员之间也存在不同寻常的对抗。比如巴尔达诺和布里格尔之间的较量。布里格尔简直是一位健美先生，我也不知道应该如何形容他。他的血管如同香肠一般粗壮，大腿肌肉壮到令人难以想象。大约在比赛进行到一刻钟时，这个像坦克一般强壮的人与我们进行正面对抗。豪尔赫没能阻挡他前进，塔塔也在禁区门前铲球未遂。但那绝对不是一记犯规！无奈的是，巴西裁判还是判了我们犯规。他给了对方一粒任意球。由于我们观看了西德队和法国队的比赛，在那次比赛当中西德队选择发出间接任意球，效果很好，因此我们有所防备。在主裁阿尔皮看来，我们防守墙的位置太近了，于是他让对方重新罚了一次球。对此我提出了抗议，于是阿尔皮对我进行了处罚。你能想象吗？竟然为了我的这个抗议处罚我。十五分钟过去了，这个巴西主裁判已经针对我好几次，看我比马特乌斯看得都紧。这第二次的罚球弹在了我身上，于是我主动开始进攻了。

那时的我气得快要发疯，因为我发现原来场上所有人都在跟我们对着干。难道我们又要面对这样的紧张局面？好，我们走着瞧。我带球移动到右路，马特乌斯跟着我到了右路，于是我把球传给了库奇。他被对方球员铲倒，马特乌斯的胳膊挥到我脸前，于是裁判判给了我们一个任意球，并且判罚西德队员犯规。这次主裁判的判罚还说得过去，但是还欠我们一个任意球呢！

这次的任意球由布鲁从右路发出，本意是打出一个弧线球，让球远离守门员。因为舒马赫已经准备朝任何方向扑过去把皮球挡出大门。但是这一脚任意球直直地冲着我们的一个球员的头上飞过来了。谁的头？肯定是一直紧靠球门站着的人里的一个，是“大头”还是巴尔达诺？是塔塔·布朗？都不是，是我的头！布朗进的这一球其实应该是我的，应该是我进的啊。你们去看看录像，肯定就知道了。但是塔塔对我犯了规，他抢走了我的球。他紧靠着我，抢去了我的位置，然后在我之前头球攻门。这对他来说实在是一件好事，他配得上这个进球。他进球比我进球要好，他比任何人都配得上这个进球。塔塔，一个不属于任何俱乐部的球员，在决赛中率先攻破了对方的大门！之后我拿到了球，把球踢向了场外。你们去看看录像就知道了。

就这样，我们在决赛刚刚进行到第二十分钟时就以1∶0领先西德队。而且对方已经只剩十人在场上踢球了，因为马特乌斯完全不能加入进攻的队伍。而对于我们而言，却是多一人在场的局面，因为布鲁毕竟是布鲁，大名鼎鼎的布鲁查加。他是我的代理队长，在我拿不到球的时候，他就会挺身而出。豪尔赫就是这样的队员。他和其他队员一样，在这次世界杯比赛期间成长了很多，因此到了这次的决赛，也就是世界杯第七场比赛的时候，他已经成长为可以独当一面的巨星。

西德队开始不断地往中场进行轰炸式进攻。但是我们的后防线上有“大头”鲁杰里，他让每次的轰炸都化险为夷，西德队员不断地在进攻中越位犯规，无功而返。

比赛进行到第二十五分钟时，我又获得了一次主罚任意球的机会。但是现在我从录像上分析，当时我应该换一个方式将球罚出。我应该更靠近皮球，再将它踢得高一些，而不是往一侧柱子的方向上踢球。因此我向球门一侧的方向把球罚出后，舒马赫轻松地就控制住了皮球。我也说过1990年的世界杯上，我的状态比1986年还要好，因为我又积累了四年的比赛经验，在各个方面我都进步了很多。

比赛进入了这个阶段，我们渐渐地找到了更多的空间，甚至连“切乔”也会时不时地到达禁区的位置。虽然进攻的效果不明显，但还是给对方制造了不少麻烦。在一次防守反击中，我从中场附近拿球，然后突然启动。我越过了第一个防守球员，又越过了第二个，在越过第三个的时候我被放倒了。我记得犯规的应该是雅各布斯。但是阿尔皮非但没有给他应有的警告，还朝我这里跑过来，踩到了我的脚上。这个蠢蛋裁判！

比赛进行到三十分钟的时候，我们又完成了几次攻到对方禁区内的进攻。其中有一次，我和朱斯蒂打了一个关门配合，他用脚后跟传球给我。你能想象吗？“美国佬”朱斯蒂用脚后跟给我传球！舒马赫上前用双脚拦截我，我向上一跃，差点就成功了。

上半场的比赛就这样结束了。西德队也有几次打进了我们的禁区，但是仅此而已，球权基本上由我们掌握。这也是情理之中的事情，皮球就是应该由我们来控制。西德队打得并不轻松，我们的库奇乌夫紧紧盯住对方的阿洛夫斯，使得对方没有办法发挥作用。鲁梅尼格一直在抗议内里在刻意拖延时间。但是球员把球踢回给门将是很正常的举动，我觉得鲁梅尼格的抗议是无中生有。

下半场比赛的阵容并没有发生什么改变，我们只是需要更加专注于比赛。对方获得了下半场的第一个任意球，那时我们之前行之有效的战术在这次任意球的时候变得毫无用处，因为朱斯蒂被对方钩住，动弹不得，因此塔塔不得不拼尽全力去跟对方替换阿洛夫斯上场的弗勒争抢皮球，但是在争抢中，塔塔的肩膀受了伤，整条胳膊无法伸展开来。本来我们的球衣上面很多有小洞，是用来透气的，非常舒服，但是后来不得不在塔塔的衣服上又开了一个大洞，使他的大拇指能够伸进去钩住衣服，以此来固定他那条伸不直的胳膊。于是整个下半场，塔塔不得不坐在替补席上观看比赛。真是可惜了他这个运动好手。

下半场的比赛我们状况不断。后来又有一次，布鲁进攻到对方禁区内，但是没有成功。正在这个时候，第二个进球到来了。这个进球可以说是巴尔达诺个人实力最好的证明。巴尔达诺从球场四分之一的位置开始发动，因为之前他退到后方防守对方的一粒任意球，发动之后他就开始斜线跑动。中途我也碰到了球，因为西德队一名队员在防守豪尔赫的时候伸腿阻拦，把球捅到了我的脚下。画面上看上去好像是豪尔赫把球传给了我，实际上是那个西德队员捅到了球。我接球以后观察了一下，看到恩里克在继续往左前方跑动，于是我从容地把球传给了他，因为他总是能出现在他应该出现的位置上。与此同时，巴尔达诺继续斜线插上，一路向前跑动。恩里克带球往前跑动了几米，然后传出了一记漂亮的助攻球，因为他选择将球传给了前方无人防守的巴尔达诺。巴尔达诺拿球攻入禁区，对方门将舒马赫又犯了一个致命错误，他出击并不及时，并且所有重心都偏向了左边，只能用右脚去阻挡巴尔达诺射出的皮球。就这样，巴尔达诺往右边门柱方向轻轻一推，皮球应声入网。这球进得太漂亮了！在下半场进行到十分钟时，我们已经2：0领先了。

比赛就这样结束了吗？根本不是那么回事！

应该是个点球

自从我们进了第二个球，西德队又开始对我们进行第二轮的轰炸。他们频频动用长传冲吊来发动进攻。贝肯鲍尔换下了在场上几乎没有碰过球的马加特，换上了“巨人”霍内斯，意图非常明显，利用身高优势发动进攻。因此，我们更加需要掌握球权，也需要发动更多进攻。在一次进攻中，巴尔达诺几乎用头顶到了球，但是皮球飞出了边界。另一次进攻当中，贝尔尼·乌略亚莫名其妙地判了恩里克越位犯规。这个边裁与我们对战英格兰时让我把角旗放好的边裁是同一个人。

距离比赛结束只剩下二十分钟。我与巴尔达诺在右路相会，那时候马特乌斯已经没办法再对我进行有效盯防。我们两人联合发动了一次非常凶猛的进攻，还包括恩里克和布鲁，但是最后离进球还是擦肩而过。

当时我们一心想着要把比分扩大到3∶0，但是突然间，比分变成了2∶1。我们两个球员在球门前站好位，两根门柱旁分别站了一个人，但是还是被鲁梅尼格打进一球。他先接到了一个球员的头球传球，然后将球打进，我甚至不想知道那个头球传中的人是谁。紧接着，对方又一次进球了。当时我们所有人都在禁区内站好位置，但是对方发出了角球，然后对方两名球员先后用头顶到了球，第二个顶到球的是沃勒尔，他将球顶入了我方的大门。2∶2平。第二球竟然是在禁区内的连续头球攻门。

我立刻想起了我的父亲，想起了德国人血液中的那股子干劲，想起了对付他们就必须不断地打击他们，直到战斗结束为止。但是，真的是这样吗？当时平局了以后，我也从来没有萌生过冠军就此从我们手中溜走的念头。如果之前我一直在要球，那么接下来的时间里我会加倍要球。我们必须要改变思路，面对对方的十一名球员，我们必须当成我们有二十二名球员在场上一样去踢球。但这时我们的队员们已经显露出不安的情绪，因为在大家都认为比赛应该以2∶0结束的时候，场上的局势突然就变成了平局，这种不安的情绪就更加明显了。

当我们再一次回到中场开球时，我非常愤怒地把球放在中央圈线中，然后朝布鲁叫道:“打起精神来！你们都跟行尸走肉一样，无精打采，跑都跑不动了！我们要跑动起来，一定要在加时赛到来之前结束这场比赛！”

三分钟过去了，那三分钟我们真是备受煎熬。现在离九十分钟比赛结束只剩下七分钟的时间。在这段时间内，先是我的任意球打在了横梁上，之后一次，恩里克甩掉了对方的一名球员，把球传给了我。皮球一直朝前滚去，我只能选择继续带球。这时没有人上前打配合，所有人都跑不动了。我用余光看到了一件天蓝色队服，然后我轻轻送出了传球。没有人主动跟我打配合，没有人主动问我要球。没有人。那件天蓝色队服属于布鲁。嗒的一声，皮球飞快传到了布鲁的脚下。于是我看到布鲁的速度提了上来，于是我望向另外一边，我看到了一件绿色的队服。是对方的布里格尔，他那时已经在与布鲁的对抗中败下阵来。

于是布鲁一路提速开始带球飞奔，直冲对方大门而去。这时候舒马赫的判断又一次出现了失误。原本不喜出击的他，这次却选择了出击防守。布鲁不出意外，将球推进了对方的大门。当时舒马赫的叫声太凄凉了，天哪，他的那一声惨叫我这辈子都不会忘记。如果在平局的时候他已经决定不能让我们赢得这场比赛，又怎么会在比赛的最后关头犹豫不决？当时我深深地觉得冠军奖杯已成为我们的囊中之物，但是比拉尔多还在场边不停地喊叫，让我们继续防守，防守。大局已定，我当时就是这么想的。

在赛后尿检的时候我遇到了舒马赫，于是我们俩交谈了一下，他的意大利语说得非常流利。

“幸好我们是2∶3输掉了比赛，因为如果比赛被拖入加时赛，你们会再进五个球。我们已经耗尽了体力，整个后防线都崩溃了。”

我当时看到对方球员脸上疲惫的神色，他们确实太累了。最后比赛结束的时候，我们的球员奔跑着庆祝，因为在精神上我们还是非常强大的。你们注意，有一球阿尔皮应该判给我们一个点球，但是他吞了哨子，选择沉默。当时我、巴尔达诺和布鲁发动了一次非常凶猛的进攻，我摆脱了数名对方的防守球员，他们对我犯规，但是我仍然没有停下脚步，最后直面舒马赫。那时对方的雅各布斯也跟了上来夹击我。我把球挑过对方，但是我被放倒了。那应该是个点球啊！但是那时候离比赛结束还有三分钟，主裁判没有判给我们这个点球。我不在乎，真的，那时候我已经不在乎这个球了。

“阿尔皮，时间到了，吹响比赛结束的哨音，不要再捣乱了好吗？”我对着那个巴西籍的裁判这样说道。在当时所剩无几的几分钟之内，布朗再一次地挑战了鲁梅尼格，再次证明了我在更衣室里对他说的话，证明了他是这个世界上最好的自由后卫。与此同时，特罗比亚尼也被换到了场上，并且上演了非常精彩的脚后跟传球。当时对方队员对我进行了犯规，他们想把我放倒，但是我立刻站了起来，然后紧接着把球传给了特罗比亚尼，他接到球，成功停球，然后就像在自己家的院子里一样镇定自若地用脚后跟把球传给了恩里克。当时恩里克处于无人防守的状态，单枪匹马直面门将舒马赫。但是这一次舒马赫没有失误，他稳稳地将球拿下。恩里克就只差射进一球来证明自己，只差决赛最后的那一球……

终于，巴西人吹响了比赛结束的哨声。就这么巧，一个巴西人。世界冠军！我们成了世界冠军！你知道那意味着什么吗？你知道身披国家队战袍并赢得世界冠军意味着什么吗？世界上任何一件事都无法与之媲美。

不败纪录

不管在夺冠的当时，还是在三十年后的今天，我都要说，获得世界杯冠军是我职业生涯中最辉煌的时刻，没有任何事可以与之比肩。尤其是因为我们一路过关斩将，保持不败纪录，一共打进了十四粒进球，最后获得了冠军，可谓名副其实，没有人超越我们的这个纪录。这不仅是我梦想中的冠军，也是万千阿根廷球迷心中真正的冠军。当然了，对于获得1978年世界杯冠军这件事，我给予充分的肯定，因为如果没有“瘦子”梅诺蒂和那届的冠军头衔，我们之前只能做人们心中的冠军，我们的玻璃柜里仍然会空空如也，一座奖杯也没有。但是面对最多挑战、感情最强烈、最不受争议的冠军一定是我们，1986年墨西哥世界杯的冠军。

每当我谈起这届世界杯，我的脸都亮了起来。我想这种光芒会一直照耀着我，一直到我离开人世的那一天。

主裁判刚刚吹响比赛结束的哨声，我就双膝跪在了草地上。所有人都向我奔来，大家纷纷拥抱我庆祝胜利。我并不记得这些人具体是谁，因为所有人都从场外拥到场内来了。随后我拥抱了比拉尔多，这是情理之中的事情。我现在看到比拉尔多的时候都还会想他应该不会把所有这些经历都忘记吧，他应该不会忘了为此我们付出了多大的努力。拥抱比拉尔多的同时，我也对记者说他们应该向比拉尔多道歉，向全体队员道歉。每当这届国家队的队员们聚在一起聊天时，我们都说到让队员们从巴兰基亚回到墨西哥是关键一步。走出那一步，我们就已经赢得了半座大力神杯。而这是我们队员自己做出的决定，完全是我们的决定。我们逐渐适应了墨西哥的高原天气，随着日子一天天过去，我们发现自己已经能够撑过整个训练时间，而如果我们能撑过训练，那么我们就能撑过之后的比赛。从五月到六月整整两个月

21. 有时候控制皮球的秘诀在于你控制好自己的身体。在对阵乌拉圭时，我有一脚中线传球，那是我用左脚传出的一球，躲过了对方防守队员和门将的夹击。但是帕斯库利最终没有碰到皮球。那是我在墨西哥世界杯上表现最佳的一场比赛，我们本可以以大比分的优势赢得这场比赛的。

22. 有一张照片给我留下了非常深刻的印象，那是一张拍得很漂亮很特别的照片。照片上我们两支队伍正通过拱门后面的斜坡进入球场。当时整个球场里容纳了十一万五千名观众，但是我只听见了踏步的声音，带着金属的质感。当时我们一言不发，双方队员都屏住了呼吸。

23

© Revista El Gráfico

24

© Revista El Gráfico

23. 我从来没有从这个角度看过我射进英格兰队大门的那粒进球。我正面对对方门将希尔顿，我钩住球，并没有立刻射门。当时希尔顿定在那儿，没有任何反应，这对我很有利。对方的布彻上来对我进行防守，使尽了招数。当我回到更衣室的时候我才发现我的脚踝已经被他踢肿了。

24. 进球后我奔跑庆祝，到达角线之后我碰到了卡尔曼多，他当时站在那个角落观看比赛。见到我，他冲我的额头亲了一下。这个神一般的那不勒斯人！

© Revista El Gráfico

25. 在与英格兰比赛期间我准备主罚一个角球，当时我觉得角旗很碍事，于是我对着红色的角旗狠狠踢了几脚。我记得很清楚，当时边裁乌略亚跑了过来，勒令我把角旗给扶正。“好吧，好吧，我把角旗摆好。”我对他说，“下一届世界杯我也当个边裁好了。”

26. 自那以后，会有很多像梅西、特维斯、里克尔梅这样的球员来到这个球场，每人打进十来个比这一球更加精彩的进球。但是当时的情况太特殊了，我们刚刚与英国人经历了一场战争，在那场战争中，十七岁的阿根廷青年穿着草鞋、在极其恶劣的条件下上了战场，与英国人展开殊死搏斗。更别提最后到底有多少人在战斗中献出了生命。这个情况是其他任何比赛如法比拟的。因此，这场比赛会被代代相传，父亲们会讲述给儿子们听，儿子们又会讲述给他们的儿子们听。正因为如此，已经三十年过去了，人们仍然在谈论这场比赛。

27. 在和英格兰队的比赛结束之后，我像疯子一般往看台的区域跑去，途中我碰到了我的体能训练员——“瞎子”西尼奥里尼。当时我的状态可谓势不可当，我觉得世界杯比赛到了那个程度，已经没人能够阻挡我了。

28. 与比利时队比赛的第一个进球。我绕着8字形，从外围往中心突破，就在这时，对方的两名防守队员对我进行关门防守（现在我看清楚了，是韦科特朗和德莫尔），然后门将普法夫也疯狂出击，于是我用左脚把球拨过了他的头顶，送出了致命一击。这粒进球的秘诀在于我用速度战胜了那两位防守队员。我当时看到了普法夫出来想要拿球，但是我抢先一步把球踢过了他的头顶。

29. 当时我们就站在阿兹特克球场的中央准备进行世界杯的决赛，画面看上去我们仿佛身处一只巨型蜘蛛的阴影之下。国歌一结束，我和塔塔他们几个人就大吼一声给自己鼓劲。我们围成一圈，身体前倾，大声叫着“加油！加油！”为自己的队伍鼓劲。当时我们十一个队员就像是即将奔赴沙场的战士。

30. 你们注意，这时阿尔皮应该判给我们一个点球，但是他吞了哨子，选择沉默。当时，我、巴尔达诺和布鲁发动了一次非常凶猛的进攻，我摆脱了数名对方的防守球员，他们对我犯规，但是我仍然没有停下脚步，最后直面舒马赫。那时对方的雅各布斯也跟了上来夹击我。我把球挑过对方，但是我被放倒了。那应该是个点球啊！

© Getty Images

31. 我一再强调，夺冠那一刻是我职业生涯中最辉煌的一刻，尤其是其中的不易更加令人激动。我怎么能不痛哭呢？

32

33

34

35

32.《我们把这首歌献给所有人！》这首小曲已经变成了我们的队歌。在返回阿根廷的航班上，我们更是一路在唱着。我们在经济舱尾部狂欢打闹，和所有人干杯，官员坐头等舱。当时的队伍一路打闹，热闹极了，那正是我想要的队伍。

33、34. 返回阿根廷的一路上我都把奖杯捧在手心，就好像捧着一个婴儿。我不想把奖杯递给任何一个人。我们在决赛结束当晚就上了飞机返回阿根廷。当时我们唯一想做的就是回到祖国与一直支持我们的人共同庆祝这个胜利。我手捧大力神杯刚出埃塞萨机场就看到周围等待的人群。一切都是那么不同，一切都与我们刚刚出发征战世界杯时不一样了。

35. 当我感到害怕时，我会想到我的妈妈托塔。我经常对她说："托塔，你快来帮我一把。"但是我知道她不会来，因为我请求过她，让她留在布宜诺斯艾利斯。当我凯旋之时，我第一个拥抱的人就是托塔。我一看见她在出口等我，我的眼泪就夺眶而出。

36. 当我手持大力神金杯，在玫瑰宫的阳台上跟民众对话时，我感到自己就是胡安·多明戈·庇隆。一直以来我都是庇隆的支持者，为了继承我母亲的遗志，也为了艾薇塔，我也会一直支持他直到我死去的那一天。由于我们有些大男子主义，所以我们所有人都只是在说庇隆这样，庇隆那样，我们却忘了艾薇塔也是伟大的人物，非常了不起。

37. 在墨西哥世界杯上，我的状态可谓完美。做到这一点我付出了巨大的努力。因此，如果说我有什么建议要提供给梅西的话，我建议他为了2018年俄罗斯世界杯一定要特别留出几个月时间来做专门的准备，他有带领球队获得冠军的能力。梅西给巴萨队带去了所有的荣誉，巴萨还能阻止他这样做吗？我并不会因为在1986年世界杯之后就没有阿根廷球员再次举起过大力神杯而感到自己有多伟大，如果我有这样的想法，那我就成了叛徒。我希望看到阿根廷国家队的队徽上多一颗闪耀的冠军星星。

的时间，我们都是这样过来的。在这段时间里，我极尽所能地锻炼自己，因为我想要赢球，想要为我的祖国捧得大力神杯。为了祖国，也为了我的同伴们，因为当时饱受批评的我们迫切地想要用一场场的胜利来证明自己的能力。

之后我走上了领奖台，捧起了大力神杯。给我颁奖的并不是足协主席阿维兰热，当我走上领奖台的时候，阿维兰热把奖杯递给了墨西哥总统，然后由总统给我颁奖。对我而言，谁给我颁奖根本不重要，重要的是我得到了这个奖。我接过奖杯，像抱自己的孩子一样把它抱在怀里。一开始我把奖杯高高举起，随后我就把它紧紧贴住胸口，仿佛它就是个孩子。

第一个上前走近我的人是内里，我把奖杯传到他手中。阿根廷政府代表斯托拉尼碰了碰我的肩膀，也许他是想跟我说些什么，我不知道，当时我没空理他。他们这些人想把我们从领奖台上赶下来，因为他们没有庆祝胜利的权利。内里之后是塔塔，然后奖杯在每个人手中传了一遍。当时我们心中唯一的想法就是赶紧从领奖台上下来，然后绕场一周。

当我的脚再次踏上草坪的那一刻，一个球迷跑过来把我扛在了肩上。不久之前我见过他，他在巴西世界杯期间被邀请参加《“左撇子”和他的朋友们》这个节目。我还记得当时这个人让我把球鞋送给他。我那时候当然不会把鞋子送给他！除非我疯了。但是这一次，他把我扛在肩上，仿佛我骑在马上，他扛着我到处走，而我的腿一直拍在他身上。这个球迷名叫罗伯托·塞哈斯，他特意为了世界杯决赛来到了墨西哥。他告诉我虽然他和朋友们没有弄到票，但是还是决定来墨西哥，他们一共有七个人，但是只有四张票，再也没办法了。但是阿根廷球迷坚持到了最后，终于所有人都进到了球场，从塔塔攻入第一球的时候开始，他们整场比赛都是站在对方球门后面看完的。比赛一结束，他们就从球场的一角进入草坪。这个罗伯托一直等到我们拿到了奖杯，等到我再一次踏上草坪，他才和所有球迷一道冲了上来。我感到当我捧着奖杯踏上草地的那一刹那，那些球迷就要朝我身上扑上来，第一个奔到我面前的就是这个大块头罗伯托，我给了他一个眼神，示意他把我抬起来。于是他就把头伸进了我的两腿之间，一下子把我扛了起来。他连假发都掉了！于是我从上方开始俯瞰一切。那场面真是太壮观了。随即我看到了佩德罗，我的室友，这段时间我们一直分享所有的东西。于是我让罗伯托把我带到佩德罗的面前。那张照片是我记忆中最美丽的照片之一。

当时的感觉很奇妙，因为一方面我觉得永远都不想离开那个场地，离开那种欢乐的气氛，但是另一方面我又想立刻回到自己的家中，回到我的祖国阿根廷，和所有支持我们的人分享我们的喜悦。除此之外，我心中别无他想。

好不容易冲出了人群，我们开始用自己的方式围着那个我们天天训练的球场跑了一圈以示庆祝。只有我们几个队员，没有受到任何人的打扰。

我没有把奖杯递给任何人，难道我疯了不成？一路上我始终把大力神杯抱在怀中，就这样一路回到了美洲训练基地。刚到那儿的时候，我应了格隆多纳的请求，把奖杯给他看了一下。当他们把奖杯再递给我的时候，我也不知道为什么，就是感觉跟原来的不是同一个奖杯了，觉得被人掉包了。两个奖杯重量不一样。在球场里颁给我的奖杯如果用一只手拿是有点吃力的，你的手会颤抖，因为很重。我看着奖杯，简直觉得不可思议。我晃了晃它，果然是真的，我这样做是为了确认一切并不是一场梦。

快走吧，别回来了！

我们飞快地回到了训练基地，快到我们把比拉尔多都忘在球场了。没有人提前整理过行李，什么准备工作都没做，我们就立刻回到了布宜诺斯艾利斯。但是在出发前我们还是挤出时间来把之前承诺过的事情做完，那就是围着训练场绕一圈。这个仪式我们完成得也很平静，不受任何打扰。我们于5月5日到达墨西哥，而决赛结束当天已经是6月29日了。这个私密的小型仪式是我们应得的。我们就这样以冠军的身份绕场一周，在我职业生涯无数次的冠军绕场仪式中，那是最美好的一次经历。随后，我们把这两个月以来不能喝的酒全都补了回来。比赛之前我对埃切瓦里亚教练承诺说，如果我们成了世界冠军，我们就把一整瓶芝华士酒干了。我们果然说到做到。连比拉尔多、马德罗、帕斯库利和蒂托·本罗斯都加入了庆祝行列。我们在我的房间喝了酒，确切地说，是我和佩德罗共用的房间。

对所有人来说，那一夜都是那么难以置信，更好的是，当晚我们就乘飞机回到了布宜诺斯艾利斯。

夜里十一点钟飞机安全降落，我还记得当机长向全体乘客广播道别时，他说："今天我们能与世界杯冠军队一同回家是一种荣耀。"世界杯冠军队！他说的是我们！当时我们乘坐的是阿根廷航空公司的航班，所有人都是经济舱。官员们坐在头等舱。球员们呢，都坐在后面的经济舱里。我和"大头"一起在客舱尾部开始喝酒庆祝，不断地给队员们倒威士忌。我们不停地又唱又跳。起初还是正经的致辞，说些"我们把这个奖杯献给所有人"之类的正经话，之后喝开了就脏话连篇，毫无顾忌了。当我们到头等舱敬酒的时候，我们对着激进的斯托拉尼开始唱庇隆军队进行曲。然后我们对着所有西装笔挺的官员们唱道："这些老东西／不愿意大声喊叫／这些老东西／不愿意大声喊叫／

希望他们都走吧/再也不要回来了。”你们看，当时这些官员们觉得我们在瞎起哄，在乱唱一通，但是现在这首小调已经价值几百万美元了。

后来，我有一段时间断片了，当时我脖子上挂着金牌，怀抱大力神杯，就以这样的姿势睡着了。我估计当时我花了整整一天时间才完全清醒过来，因为从赛前的紧张，到正式比赛，再到赛后的亢奋，我经历了太多。

在阳台上我感觉自己是胡安·多明戈·庇隆

当我手持大力神金杯，在玫瑰宫的阳台上跟民众对话时，我感到自己就是胡安·多明戈·庇隆。一直以来我都是庇隆的支持者，为了继承我母亲的遗志，也为了艾薇塔，我也会一直支持他直到我死去的那一天。由于我们有些大男子主义，所以我们所有人都只是在说庇隆这样，庇隆那样，我们却忘了艾薇塔也是伟大的人物，非常了不起。女性总是能做出一些非常伟大的事情，比如克里斯蒂娜·基什内尔，所以我支持她。

我热爱庇隆主义，所以如果哪一天我从政了，我一定会选择这个阵营。我对于自己的好恶相当清楚，比如说对于现在新总统毛利西奥·马克里正在宣传的东西我就不太认同，倒不是说他原来在博卡俱乐部的领导方法有什么不对，俱乐部时期他做得很好，但是管理一个国家毕竟不像管理一家俱乐部那么简单。阿根廷的民众都会犯错，但是我们会反思，我们在一场竞选中选错了人，然后我们会起身反抗。政府暴力对待民众，民众都不知何去何从。只要马克里在台上，我就不会回到阿根廷生活。因此，我一直呼吁：先战斗，再躲避。我没有对我的国家袖手旁观，因为我爱我的祖国。2010年以后，我本以为我是因为体育事业而流落异乡，而现在看来我觉得我就像个在外避难的政客。但是就像我说的，斗争，躲避，再斗争，再躲避。就这样，三十年过去了。

我们必须承认三十年前阿方辛做得很好，他把总统府的阳台提供给我们使用，他本人甚至都不想露面，完全交给我们，他就待在第二排的位置上。都说我当时没有跟他握手，这简直是无稽之谈。在去到阳台上之前，阿方辛总统已经在另一间会客厅里接见了我们所有人，他还给了我一个拥抱，我就顺势让他抱了一下。但奖杯确实一直在我手里，我没有递给他。我接受他的拥抱完全是因为我感到他是真心想要拥抱我，他是在对我表示感谢。阿方辛比任何人都清楚我们夺得冠军给阿根廷民众带来了多少喜悦。如果人民感到幸福，那么我就觉得幸福。之后的庆祝活动既不属于阿方辛也不属于我们这些球员，庆祝活动属于所有聚集在总统府广场上的民众，所有人都感到幸福极了。我们给民众带来了快乐。我当时心里惦记的只有球迷和我的家人，别无他想。

那天的场景历历在目，仿佛刚刚发生，那种感觉永远也不会改变。如果那是我个人的庆典，我一定会加入人群当中，把旗帜高高举起，跟他们一起奔跑，一起欢呼。但是我选择了回家，回到德沃托镇的房子里，回到我的父母生活和死去的那所大房子里。当时房子的大门前围满了人。甚至比总统府广场上的人还多！他们在那儿待了一天又一天，夜以继日地待在那儿不肯离去。我简直无法相信这一幕。有一次我让两个小孩子进了家门，我觉得很过意不去。但是我能做的也仅此而已，如果我让门外所有人都进来的话，那我们家的墙可能都要被拆掉了。让这两个孩子进来就是一个象征，象征着我把所有的球迷请进了家门。

我当时的感受可以说是幸福之余又有点受之有愧，因为庆祝的人群实在是太夸张了。于是我当时不停地说："我只是赢得了世界杯的冠军而已，并没有更多的成就。”

三十年过去了，我们的国家并没有再次捧得世界杯冠军奖杯，因此那次的冠军对于当时的阿根廷人意味着什么，对于现在的阿根廷人又意味着什么，我心里比谁都清楚。

第十章

下一个冠军

我把阿根廷国家队队服文到了身上，背后文了数字10号，左臂上纹了队长袖标。我没有把这些文身曝露在外不代表它们不存在，也不代表我感受不到它们的存在。三十年来，阿根廷都没有再次成为世界冠军，这个事实令我感到非常心痛，这是来自内心深处的痛苦。在我看来，无论我是不是国家队的一员，如果阿根廷能再次捧起世界冠军的奖杯，我都会感到非常高兴。

如果能看到我们国家队的队员身披国家队队服再一次进行冠军绕场一周的仪式，那该有多好！怎么会有人觉得我会不乐意阿根廷再次获得冠军呢？

有一位记者在南非世界杯开始前报道说我并不希望那一届国家队获得冠军，因为我不想让梅西举起大力神杯，以此超越我的成就！那可是我的国家队啊！写这篇报道的混蛋怎么不想一想，如果我们在那届世界杯夺冠，那我不就多了一个冠军教练的头衔了吗？这个混蛋记者一直以来都觉得梅西一定会超越我，在将来梅西也会成为教练，带领一届国家队，最终成为世界杯冠军。所以如果真的如他所想，那么在2010年，我肯定更加渴望我带领的队伍成为冠军，不是吗？我没法告诉写这篇报道的记者身披国家队队服为国争光是一种什么样的感觉，因为他永远也不会有机会身为国家队的一员走进球场比赛或者坐在替补席等待上场。

天才不容被玷污

我想让大家明白一点，那就是到了2016年，我也希望阿根廷的徽章上能有七颗星闪耀。但是事实并非如此，我们仅有两颗星而已。这感觉对我来说简直就像一柄匕首直插我的心脏。

我们说凡事都可以有一个合理的解释，确实，对这个结果我们也可以找到很多合理的解释，但是这并不能减轻我们心中的痛。我们甚至可以说，对于德国人来说，你只要给他们吃过一次苦头，他们就会吸取教训，最后对你产生免疫。在我们夺冠后的三十年里，阿根廷队三番四次地在世界杯遇到德国队，每一次，德国人都成为了我们再次捧得大力神杯的障碍。但我也要客观地说，从1986年到2014年期间，我们的那届国家队在精神上是最强大的，到达决赛的时候，我们已经处在最佳状态，因为一路走来我们都在慢慢成长，逐步壮大，决赛的时候德国人确实给了我们一点小小的打击，但是我们当时已经强大到坚不可摧，无法战胜的地步了。

在巴西世界杯上，我看到的阿根廷队从第一场比赛到最后一场，自始至终都显得疲惫不堪。我认为当时在场上可能只有四五名球员能够勉强保持稳定的状态，让观众们能够看出他们是阿根廷球员，但是也仅此而已。我在这里不说他们的名字，但梅西和马斯切拉诺肯定位列其中，他们两个可以说是状态最稳定的队员了。其他球员就显得相当疲倦，完全不在状态。因此，比赛也变得非常枯燥无味。如果梅西不发动进攻，你根本懒得从椅子上站起来。于是在决赛中，当德国队已经没有体力攻入我方禁区的时候，我们还是过于依赖梅西，而在那场决赛中，梅西并不在他的最佳状态。当然了，凭借梅西的技术，也应该照样能赢球。但是我说过，只要让德国人吃过一次苦头，他们就绝不会再犯同样的错误。这一次，德国队的格策让我们吃尽了苦头。

我很同意马斯切拉诺有一次公开说的一句话，今天我再引用一遍，他的原话是：我受够了那些狗屁言论。于我而言，何尝不是如此？

2014年的巴西世界杯对我来说也是很特别的一届世界杯，因为我和维克托·乌戈·莫拉莱斯一同做了我一直以来都想要做的节目，那档节目和《“左撇子”和他的朋友们》很像，在世界杯决赛阶段的每一个晚上都邀请一位名人来做嘉宾评论员。当然，国际足联并不喜欢被人评头论足，尤其是评论内容并非都是赞美之词的时候。阿根廷足联也一样。更何况足联铆足了劲儿抹黑我，把我当成一个不能提的禁忌话题。格隆多纳之流也觉得我是个黑洞。于是我给他们寄出了一封信，我就是要让他们知道我的真实感受，当然也是想要他们知道，他们一分钟也不能松懈，因为有人时刻在盯着他们。我信中的内容如下：

> 在我踢告别比赛的那一天，我说过，足球运动不容被玷污。今天我仍然在思考同样的问题，虽然我已经不再踢球了。这些代表阿根廷参加世界杯比赛的小伙子们对我来说不是十一个陌生人，完全相反，他们是我的朋友，我的兄弟。凡是熟悉我的人都知道，我会把生命献给我的祖国、我的家人和我的朋友们，我永远不希望有什么不幸在他们身上发生。
>
> 要做出这样的承诺应该是非常难的。但是我要说，无论是过

去还是现在，或是在未来，无论球场内外，我都会为了阿根廷国家队献出我的生命。肿胀的脚踝、乌青的指甲、因为幸福或者伤心落下的眼泪，它们都是我从球场上收获的宝贵财富。

真正的天才不容被玷污，像里奥·梅西这样的天才是毋庸置疑的，他的才华不是凭借好运气或者巫术得来的。如果我们要谈论运气，那么可以说我是一个非常幸运的人，因为我每一天都能感受到来自球迷的爱，球迷们一直以来都支持着身为球员的我。他们保存我的照片、签名，他们给我写信，给我拥抱，所有的这一切都能让我真真切切地感受到球迷对我的爱。

现在我们正在建设一个新的拉丁美洲，在与试图控制这个世界的强权抗争。这些强权无法抹去我们脸上的笑容，他们无法夺走我们想要庆祝一届世界杯的喜悦，这些世界杯的成绩对于我们的民族而言绝不只是偶然。

足球不容许被玷污，即使有人想要彻底毁灭这项运动。

曾经在球场上亲自打败德国人的我，在这三十年之间也与所有人一起堕入低谷。首先，身为球员，其次，身为教练。

意大利世界杯，格隆多纳把奖杯颁给了别人

到了1990年意大利世界杯的时候，我的状态比墨西哥世界杯上还要好，无论是在身体素质方面还是在球技方面，可以说是完美无瑕。那一年我二十九岁。我代表那不勒斯参加的最后十场比赛全部胜出。1986年世界杯之时，我也是参加了那不勒斯俱乐部的比赛之后才到达墨西哥的。但是这四年间，我已经有两个意甲冠军奖杯在手。我率领那不勒斯队获得了两届意甲冠军！陪我一起经历这四年的还有达尔

蒙特和西尼奥里尼，可以说，我在这四年当中飞得更高、看得更远了。我还记得在特里格利亚我们有一条跑道，我们在整条跑道上都放了烟雾，当时的气氛真的无法形容，实在太令人兴奋了。

但正是因为我们在1990年意大利世界杯开始之前的状态已到达顶峰，因此到世界杯最后的时刻我们已经精疲力竭了，尤其是我。是的，我在决赛时的状态可以说差到了极点。这一点我从来没有透露过，之前我只说过决赛时我大脚趾的趾甲盖被踢飞了，而且我的脚踝肿得像个皮球一样。除此之外，半决赛我们费了九牛二虎之力才把意大利队淘汰，这也耗费了我们相当多的精力。特里格利亚对于我们来说从天堂变成了地狱。我们的队员中有一半的人已经精疲力竭，再加上卡尼吉亚因为一件蠢事被判罚不得参加半决赛，更是雪上加霜。更令人无语的是格隆多纳把大力神杯拱手让人了，他硬生生地把冠军奖杯送给了别人！在浴室的时候他亲口对我说的，天哪，我真是讲不下去了。这件事谁也没对我说过。

那是在决赛的前一天，我们去奥林匹克体育场确认决赛场地的那一天。所有人走进浴室洗漱，这时候格隆多纳走到我身边，对我说：

“迭戈，我们已经成功了。我们进入了决赛。”

“您说什么？胡里奥，您这话从何说起？”

“我说我们已经成功了，能做的已经做到了。你看看，我们现在已经到了决赛，而且你的体力也耗费了不少啊。我们已经可以了。”

“您怎么了？胡里奥，难道您不想赢得这次世界杯的冠军奖杯吗？”

“按道理说我当然希望赢了，但是我们能走到决赛已经是一个奇迹了，不是吗？我们的任务已经结束了，迭戈。”

“去你的结束！明天的决赛正等着我们，而且我们所有人都想赢得比赛。您现在说的是什么话？难道您要跟我说已经把冠军卖给别人了？”

我发誓以上的对话与当时一字不差，我以我父母亲的名义发誓。但是我必须承认，在后来对阵德国队的决赛中我确实有点力不从心。但是在比赛之前这些别有用心的人就想要控制我，简直没门儿。

比拉尔多对我说：“我下半场把你换上去。”

“您要是下半场才让我上场，那之前我不会让您好受的。”

我觉得我们这些球员毁掉了他们这帮人的一桩生意，一桩大生意！当时据说助威的小旗子都已经做好了，一半是意大利的国旗，另一半是德国国旗，都是为决赛准备的。但是我们把意大利队挡在了决赛之外，简直让某些人觉得像吃了苍蝇一样难受。我们把意大利队挡在了已经被马塔雷塞卖掉的世界杯决赛门外。

进入决赛的德国队也与我们一样疲惫不堪，这支德国队已经不是之前的那支德国队了。但是他们还拥有马特乌斯这样的球员，他的球技比四年前更加精进，决赛时候的他已经不再专门盯防我，而是整个队伍的领导者。

进入决赛的德国队也与我们一样精疲力竭，于是不得不把手伸进我们的口袋才能赢得比赛。你们看看，那个点球根本不是我们犯规，连在中场位置的犯规也不是。主裁判科德萨尔之后承认了这一点，但是当时他判了点球，并且日后在墨西哥谋得了一个裁判员管理者的职务。因此你们慢慢就会发现，所谓无功不受禄，受人恩惠，都是要还的。也正因为如此，科德萨尔当时必须要让德国队当上冠军，这种事情到现在都非常常见。这种规则就是我不再相信国际足联的原因，就是我不再热爱国际足联的原因。

1990年意大利世界杯期间，达尔玛已经懂事了很多，她明白很多事情。当时她的意大利语说得好极了。但是和1986年世界杯一样，我不希望有任何人或者任何事来影响我对比赛的专注力，所以虽然当时他们都在意大利，却没有到现场来观赛。孩子们和克劳迪娅在意大利的家里观看比赛直播。孩子们穿着我们的国家队队服，对她们来说好像巨大的袍子一样，她们坚定地站在电视机前面观看比赛。每当看到我出现在电视上比赛的时候，达尔玛总是会喊道："迭戈！迭戈！"那是她唯一一次直呼我的名字，因为对她来说，我一直都是她的"老爸"。这个反差在达尔玛身上特别明显，因为平时的她是一个非常安静的孩子。除了那一次在痛失冠军之后我回到家中的时候。

因为我曾经跟她保证过一定会把冠军奖杯带回来，所以当我把银牌给达尔玛看的时候，她把奖牌从我脖子上摘下来扔了出去。我发誓，在那一刻，我痛哭流涕，和我当时在赛场上痛哭如出一辙。我如何向女儿解释被人把冠军偷走了的感觉？我在那一刻还能庆祝什么呢？我这辈子都没有为了那个亚军庆祝过。当时我也不想跟阿维兰热握手。一直到现在，我都深深记得当时那种挫败的感觉，那是因为没能给达尔玛带回冠军奖杯而感到的深深的挫败。我不能原谅自己让女儿失望了。

为什么我们没能再次成为冠军？

在后来的日子里，我身为教练员，再一次体会到那种痛心的感觉。对手仍然是德国队。在2010年的南非世界杯上，奥塔门迪让我很受伤，他脚下一滑，给穆勒抢到了绝佳的破门机会，而在比赛前我们对穆勒研究了很久。赛前我们针对四个德国队队员进行了深入的研究，这四个人分别是赫迪拉、克洛泽、默特萨克和穆勒。穆勒总是喜欢挂近角射门。当奥塔门迪脚下打滑的时候，穆勒抢到了机会，就这样我们刚刚走出更衣室来到场上，就以0∶1落后。之后再无回天之力。

我一直坚持以同一个阵型进行比赛，所有人都跟我说再加上一个中场球员，那么前锋里面我要撤下哪一个呢？如果我撤下一个前锋，那么德国队的后卫就会有人要压上。我和教练组的每个人都讨论了这个问题。当时很多人都对我有批评之声，因为我把海因策和奥塔门迪放到了边路上。如果当时我有罗伯托·卡洛斯或者丹尼·阿尔维斯，我也会让他们上场的，但是我没有这样的球员，阿根廷球员里没有这样的人。请注意，对于4：0的比分我非常自责，我认为这是我的过错，我不能把这个错归咎到奥塔门迪或者海因策的身上。周一的报纸上刊登了消息，称马拉多纳身为阿根廷国家队教练获得的遗憾多于荣誉。但是我认为我做了一件了不起的事情。

当时还有一种舆论，说南非世界杯上的梅西对我来说没有1986年世界杯上的我对于比拉尔多那么有用。你们知道吗？对于这个言论，我头一个站出来反对。头一个！

我认为梅西在那届世界杯上的表现非常精彩。所有与梅西交过手的门将都因此变成了大人物，成了百万富翁！凡是与梅西交过手的门将，与梅西有过一对一较量的门将，在那届世界杯之后都被各大俱乐部买走了。所以谁也别过来跟我说梅西在那届世界杯的表现很糟糕。对于我们那一次的失败，最不应该担责任的人就是里奥·梅西。在我看来，他是那届国家队最优秀的球员。

因此，在未来的某一届世界杯上，梅西仍将是最佳球员。但是现在我暂且跳过梅西，首先我想继续回顾一下为什么我们在这么久的一段时间内都没有再次成为世界冠军，谈一谈我们一次又一次失败的原因。

该死的黄麻碱

在1994年的美国世界杯上，如果阿根廷队继续保持原来的打法，没有把我换下去，那么我们肯定可以成为世界冠军，对于这点我毫不怀疑，因为我们的锋线上有科科·巴西莱这样的球员，他实在是太厉害了，而在防守线上，我们的队伍一直很不错。当你看到西蒙尼-雷东多，马拉多纳-巴尔博，卡尼吉亚-巴蒂斯图塔这样的组合之后，你首先想到的问题应该是“那到底是谁要去防守呢？”。答案在于球权一直被我们掌握在手中，我们不需要防守。那真是一支梦之队。

但是，我确实感觉在那届世界杯上我被人盯上了。当我说出“我们球员在球场上拼得你死我活，而高层却喝着香槟、吃着鱼子酱”这番话之后，我就感觉被盯上了。也就是说，在我对高层表达不满之后，我就感到有人紧紧盯住了我。但是我觉得我仍然会有一说一，我所做的一切都是为了揭示真相，揭示1994年美国世界杯的真相。我认为丹尼尔·赛里尼口中的真相并不是事实。没有人跟我承诺过任何事，正如人们所说的，国际足联给了我充分的自由让我去做任何想做的事情，但是事实上他们却在反兴奋剂这件事情上欺骗了我。那简直就是一个大骗局！

在兴奋剂丑闻爆发出来之后，我唯一请求过格隆多纳的事就是希望他们可以考虑到我服用药物的初衷并不是想作弊，我请求他们让我继续比赛，让我能完成我的最后一届世界杯。我希望他们能像在墨西哥世界杯期间对待西班牙球员卡尔德雷那样对待我。我确实对他们提出了请求。但是最后我却不得不面对这样的处罚：禁赛一年半。仅仅是因为我服用了鬼知道从哪儿来的黄麻碱。服用这个药物的人很多，有棒球运动员、篮球运动员、美式橄榄球运动员，而且就在我们比赛所在地美国。而且更惨的是，我甚至不知道我服用了黄麻碱，因为我是用灵魂去比赛，全身心地投入比赛。整个足球界都知道如果想跑得快，并不需要服用黄麻碱。所有人都知道这个道理！

我在参加那届世界杯之初非常清白，前所未有地清白，因为我知道那是我最后一次可以跟女儿们说："我是一名足球运动员，如果你们平时见不到我，你们可以来美国看我。"也正因为如此，不是因为别的原因，我在攻破希腊队大门时兴奋的呐喊是真正发自内心的呐喊。我不需要靠药物来完成自己的复仇之旅，也不需要靠药物向全世界喊出我心中的喜悦之情！因此，我哭了，我还会继续为了这个未完成的梦想哭泣，我们原本可以再次成为世界冠军，但是这个梦想被生生剥夺了。

那天的记忆对我来说就像今天一样新鲜，每每想到那一天，我的眼中又会充满泪水。当时马尔克斯·弗兰基向我走来的时候，脸上的表情好像有人死去一样。而我却对他大笑起来，想改变一下气氛，当时在场的还有"巴斯克人"和他的妻子安娜·劳拉。还有我的克劳迪娅和老父亲。马尔克斯对我说有一个坏消息，而我却还不知坏消息从何而来。为了这届世界杯我做了多少准备！太多了。那代表着我的回归，我的复仇之战。他对我说，我在对阵尼日利亚的赛后尿检没有过关。"亲爱的，我们要跟这届世界杯说再见了。"我转头对克劳迪娅说道，当时马尔克斯还没把他的话说完。他想跟我解释说高层在重视这件事，正在积极地想办法，但是我从一开始就不相信他的话。一个字也不相信。到今天为止，我对这些高层也是毫无信任。到今天为止，我最强烈的愿望就是找出当年所有的文件，所有的测试结果，叫上了解事情始末的佩德罗医生，对当年的黄麻碱事件重新展开调查。

但是当时我没法相信任何人、任何事。对我来说那简直是世界末日。因此，我走到自己的房间，锁上了门，开始用拳头敲打墙壁，我嘶喊着，大声哭泣。所有的事情一下子向我涌来，我思考着，但是我想得最多的还是如何向我的队员交代。当时我们身处波士顿，还沉浸在赢得比赛的欢乐之中，下一步要飞去达拉斯，准备和比利时队交手。对我来说，思考接下来的几小时内我将面对的事情实在是一种折磨。我记得当我们到达达拉斯时，所有的媒体都在现场，可以说人满为患。一切都像是一场幻觉。我当时戴着墨镜试图遮住头一天晚上哭肿的双眼，我扬起头，但是那和队长的骄傲姿态丝毫没有关系，要知道，到那时为止我们的队伍贡献了历届世界杯的最佳表现。对于即将发生的事没有任何人知道，只有我心里清楚，那是一种真正的折磨。

我发誓再次谈起这件事对我来说还是如鲠在喉，难以启齿，那感觉就跟后来我说当时我们在录电视节目时，所有队员唱起国歌，我却发不出声的感觉如出一辙。那一次我的描述是："我就像是被锯断了双腿一般。"因为我确实就是这种感觉，我感到双腿被锯断了。还有格隆多纳，他本可以为我多做一些事，但是开头他很好，只不过后来他放弃了我。德卢卡也一样。你看看，爱德华多·德卢卡，这个人现在正在被审判呢！当时我央求他说："德卢卡，求求你了，就算是为了我的女儿们……"但是他没有理我，谁也没有拉我一把。当时为了替我辩护，高层之间是有过不一样的言论。我并不是吸食了可卡因啊！去他的！而且我也不是累犯。最重要的是，我并不是为了不公平竞争而服用药物啊！

我现在对此事的感受与当年没有丝毫变化，我认为自己是清白的，这种感觉从未改变。我认为确实有人犯了错，而且那是一个可以解释清楚的错误。事情发生时虽然距离最后的决赛还有超过一半的赛程，但是在跟比利时队交手之前，以及在相继打败希腊队和尼日利亚队之后，我们的感觉都前所未有地良好，因此我当时心里笃定我们一定会挺进决赛。我也不知道为什么，当时离决赛还那么遥远，但是我心里却认为我们和冠军只有一步之遥，这种感觉在过去的三十年中出现过两次，一次是在1990年的美国世界杯上，还有一次则是在2014年的巴西世界杯上。我之所以觉得我们离冠军很近，是因为我们踢球的方式实在很精彩。

排在这两次世界杯之后的是1998年的法国世界杯，当时我已经退役了。那是我第一次真正以观众的身份观看世界杯，真的。那实在是一种煎熬。帕萨雷拉带领的队伍是一支优秀的队伍，很有个性，但是问题在于，一支队伍在世界杯上只要经过一场比赛，可能就什么都变了。在阿根廷队与荷兰队比赛的那个下午，我也在马赛观看了比赛。当时荷兰队一记长传给博格坎普，如果是其他队员可能就拿不到球了，但是我们面对的是博格坎普，他身边还有我们的阿亚拉和查莫特两名防守球员。博格坎普用两个脚趾尖将球控制住，然后面对门将罗亚冷静射门得分。看到他的进球，我觉得那应该会成为质量很高的一届世界杯。

到了2002年的日韩世界杯上，我们的球员状态停滞不前。我很尊重主教练贝尔萨，因为通过海因策跟我的描述，我了解到他是如何工作、如何训练球员的，我觉得他是一个很特别的教练，但是在那届世界杯上我觉得他失误了。因为他把训练的时间全部提前了。当时的阿根廷队想得更多的是如何打败对手，而不是如何好好踢球。于是我们被淘汰了。历届世界杯上我们都是夺冠热门，但我们总是很快被淘汰出局，这点跟法国队很相似，也跟法国世界杯上发生的一切都很相似。

到了2006年的德国世界杯上，当守门员阿邦丹切里下场换上另一个守门员弗朗哥的时候，我认为我们应该保持原来的基本打法。我觉得在那时主教练就犯了一个错误。教练贝克曼当时应该对阿邦丹切里说："你别走。"因为在任何情况下我们都有梅西这个前锋可以帮我们赢得比赛。这里面的原因我解释给你们听：巴拉克的袜子都已经挂到脚踝上了，德国人当时心怀壮志来到赛场上，但是他们的压力也是巨大的，因此在比赛最后显得有些力不从心。我觉得他们在比赛最后已经没有能力发动有效进攻了。阿邦丹切里应该知道他下场的原因，我们也不能因为一个并没有得到的冠军就把错怪罪在他身上，我们不能责怪一个门将。但那确实是一场非常重要的比赛。当时的阿根廷队是冲着冠军去的。如果那次的四分之一决赛能拿下，那后面我们一定能一往直前。

马拉多纳和梅西二选一？两个都选！

很多人都问我，2006年世界杯上的梅西是否和1982年世界杯上的马拉多纳很相似，我觉得可以这么说。但是后来很多人都认为南非世界杯上的梅西本应该成为墨西哥世界杯上的马拉多纳，我却不能同意这个观点。所有的世界杯都是不一样的，甚至完全不同。想要成为世界杯冠军一定要全神贯注，需要强大的团队精神去完成这件事。

因此“马拉多纳和梅西必须选其一”这样的问题我并不想回答。如果非要回答，我会说“两个都选”。每一个身披国家队10号战袍的球员都拥有自己的荣耀时刻，我当年非常享受这一切。就因为现在的国家队10号是梅西，我就应该心生妒忌吗？当然不是。因此我说过博卡青年队最好的10号球员是里克尔梅这样的话，而阿根廷国家队一直以来都拥有配得上10号球衣的队员，不止一人。

如今，梅西仍然有机会在俄罗斯捧起大力神杯。我给他的唯一建议是他应该自己做赛前准备，如同我在墨西哥世界杯前找到达尔蒙特医生给我做赛前准备一样，他应该在俄罗斯世界杯之前独自备战。因为他在巴萨的付出已经足够，他赢得了所有能赢得的奖项，他可以说出我对那不勒斯所说的话：“我很爱你们，但是现在我已经做得足够多了，因此现在我要把我的国家队放在首位。”这样他才能去俄罗斯参加世界杯并举起大力神杯。这对于他来说是最后一个赢得世界杯冠军的机会，因此在体力和精神上他都要做好充分的准备。倒不是要让他现在就开始准备，预留四到五个月足矣。

梅西说过他宁愿用他的五个金球奖换取一个大力神杯，我很理解他的话，这话确实是肺腑之言，而且确实很有道理，因为梅西的五座金球奖奖杯加起来都没有一座世界杯冠军奖杯重。

我并不是出于嫉妒之心才说这话。我确实得过一次金球奖，但那是荣誉奖项。那是1995年的时候，当时我已经回到阿根廷为博卡青年队效力，但是奖项组织者国际足联和《法国足球》杂志为了将奖项提升到国际层次，一致决定更改奖项的评选标准，以便增加奖项的说服力。在那之前，金球奖只能颁发给欧洲籍的球员。但是，也有阿根廷人得到过金球奖，因为他们入了欧洲籍代表欧洲国家参加比赛。两位伟大的球员，一位是迪·斯蒂法诺，他分别于1957年和1959年获得两次金球奖；另一位是恩里克·奥马尔·西沃里，他于1961年获得金球奖。但是我从来没有想过会替阿根廷以外的其他国家队出战，更别提更改国籍了。如果我是欧洲人，我应该能获得好几次金球奖了，不是吗？

于是我想要玩一个小游戏，数一数我到底能够获得几个金球奖。嗯……从1983年开始，应该可以有几次了吧。

1983年的金球奖颁给“冷面”普拉蒂尼？我当时在巴萨队的表现很抢眼，当时我的肝炎已经痊愈，而且还没有和巴斯克人戈耶科切亚撞在一起。所以这个金球奖本该我得的。你记下来，这是第一个。

1984年的金球奖又一次颁给了普拉蒂尼！没办法，因为当年我在一片混乱当中离开了巴萨，之后又骨折了。因此我应该还是停留在一个金球奖上，这个没问题。

1985年又是他！到底怎么回事？普拉蒂尼把金球奖买下来了？好吧，我还是一个。

1986年的金球奖给了别拉诺夫。伊戈尔·别拉诺夫！1986年的奖给他了？那一年的世界杯，我在阿根廷国家队的表现如何，如果不记得我可以提醒你们一下。对吗？我可以再加上一分，两个金球奖了。

1987年的金球奖得主是古利特。而我呢？当年我带领那不勒斯队获得了冠军啊！在我获得世界杯冠军之后，我又和那不勒斯队一起获得了联赛冠军。三个金球奖。

1988年的金球奖给了马尔科·范·巴斯滕。好吧，他那年获得了欧洲杯冠军。但是对于我来说，那也是非常了不起的一年。因此，四个金球奖。

1989年又是范·巴斯滕？我可是和那不勒斯队获得了欧洲联合会杯的冠军啊！那应该是我获得第五个金球奖的时候。

1990年的金球奖得主是我的好朋友马特乌斯。他确实在世界杯上战胜了我们。但是我带领那不勒斯队再一次获得了意大利联赛冠军，而且世界杯上我们也获得了亚军，这绝对可以让我获得一个金球奖。六个了。

1991年的奖颁给了法国人让·皮埃尔·帕潘。找不到其他欧洲人领奖了吗？

以上我说的一切倒不是因为不尊重梅西，事实完全相反。我非常尊重梅西，甚至在没人注意他的时候我已经开始谈论这个球员了。在2005年的一次采访中，记者向我询问关于梅西的看法。

“梅西很不一样。他还有很长的路可以走。他很优秀，倒不是说其他人不好。但是我们花了很长时间去寻找下一个马拉多纳，这种做法把年轻球员都束缚住了。注意了，我们束缚了年轻球员，因为他们被我们看在眼里，被我们放在心里，但是他们却碰到了天花板。我觉得梅西还没有碰到他的天花板，你明白我的意思吗？我认为梅西和我们一直在等待的人并不一样。”我当时是这样回答的。你们去找，肯定能找到这话的出处。

注意了，彼时的梅西还不是此时的梅西。现在所有人都在谈论他，现在简单多了。但是当年我就在他身上看到了他的与众不同之处，他对待皮球的感觉与别人不一样，他带球到禁区内面对欧洲球员时的速度与别人不一样。他从不会中途停下来，现在也是。因此我说梅西比我更加热爱最后的射门。我在进攻的时候会经常中途停顿一下，因为我更喜欢为我的队友发起助攻。我的视线更加关注全场，而梅西的视线更加关注球门。

我认为几年之后我们口中谈论的梅西会更加全面。也许那时的他进球比现在少了些，但是掌控全场的操作应该会更多。如果说他有什么天花板无法打破，则是一个人不可能在所有的比赛中每次都能进三个球，但是可以肯定的是，他一定会变成一个更加全面的球员，因为那时候的梅西会考虑得更多。一个球员在球场上要克服应该克服的困难，今天他越过七十个障碍，在将来梅西可以更多地回到场地中央来找球，去主罚更多的任意球，去变更球场上的位置。

在我看来，梅西现在的任意球还没有给对手造成很大的威胁，他们不害怕梅西的任意球。但是当年我的对手们很怕我。当年有一些任意球的位置是很危险的，对方守门员会说“我会上前专门看住这个球”。那都是一对一的较量。但是梅西一般都是凭借间接任意球发起进攻，他确实有这个时间和意识来组织边路的进攻，或者紧紧控住球，又或者轻轻从上方挑球打门，这些动作也是非常精彩，一般人做不到。

我和梅西非常不一样，这点毫无疑问。而这种不同在很大程度上又和个人性格有关。梅西对待任何事情都比我要更加冷静沉着。因此，他在做出任何决定时，在脑海里犹如播放慢镜头一样。而我，在脑海里就像劈下了一道闪电。我说的是个性问题，因为我在梅西少年时就认识他，而且我也非常了解身为球员的梅西是什么样的人。也许区别在于，他在球场内做所有决定都比在球场外要快得多。球场外的事情他也是比较顺从自己的心意而为的，不是吗？但是我们都要承认，他过得比我要顺遂得多。

当年的我不得不靠一己之力把队伍一步步组建起来，而里奥很顺利就加入了超级强大的巴萨队。当然，这不是他的问题，相反，这是他的运气。他加入了那支强大的队伍，然后踢出了自己的风格。

但是我认为梅西并不能做到当年我在那不勒斯队所做的一切。这并不是因为他缺乏天分，而是在于个性不同。但是我可以肯定的是，他现在跟我当年一样觉得踢球是一种享受，并且乐在其中。我跟梅西在反叛精神上也有不同之处。我在球场内外都是个叛逆的人，很有反抗精神。我永远在表达不满，永远在坚持自己的想法，这种做法给我自己带来的伤害比任何人得到的伤害都多。我当时怎么想就怎么做了。里奥在球场外并不是个叛逆的人，但是他仍然是个令人尊敬的人。

举个例子，里奥的队长身份对他来说很受用。我想先提醒大家，这个队长身份并不是萨维利亚或者比拉尔多给他的，第一个任命他为队长的人是我。我让里奥当队长是因为我发现在训练时，没让他当队长他就生气了。而这种表现可以算作他的一种反叛，他想让所有的队员都知道，他们应该主动在球场上找他，尽量把球给他。我认为梅西是一个比赛型的领袖。在训练基地的时候，队员们进行了三十场比赛，胜了十六场的就是最棒的球员。在球场上，里奥是比赛型选手，他的队员们知道拿到球就应该尽量传给里奥，这样就能解决一切问题。我看到的里奥并不是像我一样会要求和格隆多纳坐下来进行平等谈话的那种领袖，因为那不符合他的处事风格。如果要想和格隆多纳那样的人物进行抗争的话，肯定会是其他人出头而不是里奥，但是他心里了如明镜。我在他身上一直看到的是他在球场上展示出的愤怒之情。但是有一点我可以确认，他并不像我那样渴望胜利。我真的这样认为。

关于我和梅西所做的种种比较我都觉得很愚蠢，因为那都是马拉多纳的黑粉和梅西的黑粉做出来的比较。因此这些人称梅西是一个连阿根廷国歌都不会唱的加泰罗尼亚人，而说我是一头野兽。在众多比较我和梅西的文章中，我只赞同阿里戈·萨基的那篇。我非常喜欢这个人，当年我在那不勒斯队的时候，他就是米兰队的教练，可以说是我的一个强大的对手。虽说是对手，但是他却很懂我。

他在给《意大利体育周报》撰写的文章中写道：

> 马拉多纳和梅西都创造了无数精彩的进球，观看他们的比赛对于他们的对手来说也是一件乐事。在二十年甚至三十年前，马拉多纳是足球唯一的代言人，比起球队整体的战术制定或者集体训练效果来说，当时球场上的变化更多的是依靠球员的个人灵活性和个人能力。他当时可以凭空创造出很多机会。他可以在任何一支球队里发挥作用，然后让这支球队变得强大起来。梅西是新时代足球的代言人，他热爱足球，用自己的专业和热情诠释着足球这项运动。他在足球方面巨大的天赋不是一朝一夕获得的，而是通过长久的艰苦训练努力得来的。梅西进入一支球队，就能和这支球队完美地融合在一起，就像在一场优美的交响乐演出中他总能演奏出属于他自己的乐章。梅西可以在和球队的配合中展现优势，而马拉多纳则是更加主动和自发地组织进攻。里奥和迭戈不同，他的生活中并没有那么多戏剧性的冲突，但这也许是因为他的个性还没有充分显现出来。梅西更加尊重规则，更加专

业，不那么爱成为闪光灯的焦点。但是这两个球员，每个人用自己的方式深深地爱着足球这项运动。他们都成了时代的标杆，而且都会在足球运动的历史上留下不可磨灭的、最浓墨重彩的一笔。

对于以上的观点，我百分之一百同意。我和梅西是不一样的，而我们两个又和其他球员不一样。阿雷杭德罗·多里纳，一位我非常喜爱的广播节目主持人，在一次节目当中说了一番话，直击我内心深处。当时在他的节目中，众人正在对梅西的精彩赛况做总结，用了“奇迹”这个词来形容那些进球。那确实是梅西创造的奇迹，他配得上这个词。节目用了半个小时一直在讲梅西。突然，和他一起做节目的嘉宾之一阿雷杭德罗·范迪诺向他提问:“那么马拉多纳呢？”

“啊，马拉多纳，那是另外一码事了。你看，梅西的优点在于他多年以来一直在踢球，这么长时间的表现让我意识到，啊，他是世界上最优秀的球员。我必须看到他一整年的表现才能下此结论。但是迭戈不同，只需要看他的一次进攻，我就能确认他是世界上最好的球员。”

我太喜欢他的这番解释了。多里纳简直是个专业足球运动员，只不过他的嘴上功夫比脚上功夫好多了，我这样说是因为有一次我们在乌拉圭的埃思特角城进行了一次小小的练习，他到现在都找不到球在哪儿呢。

如何能够再次捧起大力神杯

在巴西世界杯之前，我对梅西说他并不需要凭借获得冠军才能证明自己是世界上最好的球员，因为他已经是世界上最好的球员了，而且以后也一直会是世界上最好的球员。这和拿不拿世界杯冠军没有关系，我们不能把概念混淆了。对于阿根廷国家队来说，能够获得世界冠军当然是天大的喜事，这对于球迷和里奥也是天大的喜事。但是，获得与冠军只有一步之遥的亚军并不会让他之前付出的所有努力减少一分一毫。因为他已经是强者中的佼佼者，他和人们口中的其他冠军一样是英雄般的存在。迪·斯蒂法诺、贝利、克鲁伊夫，还有我，当然还有梅西。三个阿根廷人，三个！这才是我们应该记在心中的事实。

每个伟大的球员都有属于自己的年代，每个人都在自己的年代里和其他强者竞争世界杯冠军。有些人，比如梅西，需要面对一对一的较量，比如他和克里斯蒂亚诺。在我们的年代里，要想成为世界上最优秀的球员，竞争者繁多。我们那个年代，一起竞争的人还有鲁梅尼格、济科、普拉蒂尼。想要成为最佳球员，就需要翻越很多座高山，最后才能登顶。

在我看来，在不同的岁月里，还要加上更多竞争者的名字。比如说里维利诺，他是我的偶像，一个运动好手，我非常享受在世界杯期间跟他并排坐在电视台参加《"左撇子"和他的朋友们》节目的时光。还有鲁梅尼格、罗马里奥、罗纳尔多、罗纳尔迪尼奥、德尔·皮耶罗、里瓦尔多、托蒂等。

我承认在很多事情上他们都与我意见不合，但是我爱这些人。很多人跟我私底下很亲近，他们总是能让我的心柔软下来。

但是对于贝利，情况就不一样了，可以说，我跟他的问题更多的是在足球之外的问题。我几乎没有见过贝利踢球的样子，但是他倒向权贵、把球员们的利益放在一边，这就是他最令人不齿的地方。我在这点上永远不会原谅他，也请你们在这点上好好地将我和他区分开来。他必须要知道他之所以能成为一个伟大的球员，很大一部分的功劳来自他的队员，而相反，那些权贵并没有给他传过一次球，并没有在他成为伟大球员这件事上出过一丝一毫的力气。但是贝利把这个事实忘得一干二净。

这些已经成为历史，而我更想谈一谈未来。我们到底要怎样做才能再次成为世界杯冠军呢？我总是这样问自己。

然后我自己找到了答案。要想再次成为世界杯冠军，首先也是最重要的就是我们的阿根廷足联必须改变，变成认真负责的足联。一定要杜绝开后门、拉关系的情况。也就是说，我们不应该再听到“因为这个人赢得过上一届比赛，所以他就应该留下来”这类的话。赢得过比赛的人是可以留下来，但是留下来以后必须要做出成绩。他以前赢过，因为那时候他有计划。但是现在的阿根廷足联中，没有人有计划，根本不存在计划这种东西。

如果有可能的话，我要对现在管理阿足联的人说，他们管理的阿足联已经不是原来的阿足联了，之前的阿足联已经被毁掉了。现在的足联什么也不是。如果现在我们已经身处一个可以容忍“1+1=3”的世界，那么说明情况已经非常糟糕了。我们现在非常糟糕！这几届国家队身上发生的事情让全世界都看到了阿足联的真面目，根本就是一只纸老虎。

现在的人们总是在为权力和金钱奋斗，但是却忘记了真正应该思考的问题是如何才能再一次捧起大力神杯。

这个问题一直让我很伤神。此外，作为一个国家，我们应该恢复我们的传统。我们的传统在于以前联赛中，弱队和强队互相扶持，竞争气氛良好。但是现在你们再看电视上转播的联赛比赛，你会看到空空如也的球场，找不到一个客场球迷，那比赛就像单身人士和已婚人士的对决，实力悬殊，结果毫无悬念。所以，我想说的是球队与球队之间的竞争关系。恶性的国内竞争把我们的整体水平拉下了一大截，不管从比赛本身还是观赏性来说都不如从前那么有意思了。

我必须说，现在在阿足联和国际足联里发生的事情带有浓烈的格隆多纳色彩。布拉特、普拉蒂尼，他们和格隆多纳沆瀣一气，同流合污。我可以肯定地说，如果格隆多纳还活着，那么第一个被国际刑警带走调查的人一定是他。第一个被国际刑警逮捕的人应该叫胡里奥·温贝托·格隆多纳。这一点是毋庸置疑的。

布拉特是格隆多纳的替代品，他代替格隆多纳接受了调查。在过去的三十年中，我们没有再次捧起世界杯冠军奖杯，就在这三十年里，这些国际足联的蛀虫用国青队的冠军奖杯打发了我们。三十年过去了，三十年！在格隆多纳当权的三十年期间，我们没有获得过一次世界杯冠军。

现在格隆多纳不在了，一切应该可以回到正轨了。一切。

负责甄选国家队队员的人应该把他的团队带到U15队伍中去选人。以前选一个三线球员，再选几个四线球员，这种方法不要再用了。我们已经看到太多失败的例子，不应该再继续这样下去。

我们应该学一学德国人的做法，制定一个培养青年球员的计划，带领他们一步步上升。刚开始的时候就应该和孩子们合作，不能允许把一个人一下子拎到了一线队伍，但是这个人却连基本的足球技巧都不会。这是不可能发生的。也不能允许一个一线球员连最基本的脚尖触球、钩球这些基本动作都不会。我想制定这种培养计划应该是一个好的开端。

或者向英国学习一下处理足球流氓的经验，我们要好好治理球场上的暴力行为。当年的足球流氓到处惹事，毁掉了所有的比赛。身穿不同球队队服的两个球迷根本不能坐在一起，否则会被对方用啤酒瓶子砸破脑袋。但是现在观看英超联赛的比赛变成了一种享受，无论是我每次出差到英国现场观看或者在迪拜通过电视转播观看英超联赛，我都觉得真是一件快乐的事情啊！

阿根廷足球自成风格

我并不是说一定要照抄别人的风格，但是确实需要看到别人好的一面，然后拿来为自己所用，把别国的优势变成阿根廷自己的优势。

当然了，阿根廷足球自成风格，而这种风格迫切地需要我们去恢复。我将阿根廷风格简单定义为梅诺蒂风格。我想说的是，当我们真正开始能够和国际上其他强队抗衡的时候，正是梅诺蒂开始认真带队的时候，那是在1974年，也就是说在1978年世界杯前就已经开始了。那届的国家队可以算作一号国家队，从那时候开始，国家队的队员们开始逐渐成长起来。

我曾经被规定无法转会，确实如此。以前我被宣布为不能转会的球员。这样的决定让我觉得非常恼火，但是又不得不承认这里面也有些许的道理。今天如果我说允许我的外孙本杰明开始去俱乐部踢球，那么立马就会有二十五个老板来到我女儿家门口争着把他带走或者帮小家伙买球。够了！还是让我们都严肃一点吧！现如今，一个像卡莱里这样的球员也必须要先去特玛斯-里奥翁多这种级别的俱乐部，然后再被卖到国际米兰，之后再被转借到博洛尼亚，最后只能在圣巴布罗这样的地方待着。这些球员被生生糟蹋了。掌权者还在想什么新法子来折磨我们的球员？已经发生过太多不可理喻的事情，不是吗？

为了改变这种现状，我们应该从底层球员的培训着手。我们需要做的就是排好队，然后在弱势球队的培养计划上保持团结，这些弱势球队或者底层球队正在逐渐消失，甚至有的已经消失了。有一点尤其值得注意，我们不能让十六岁或者十七岁以下的孩子完全脱离我们的国家，有很多很好的阿根廷青少年球员是其他一些国家想要挖走并给予国籍的，因为他们从来没有为阿根廷国家队踢过比赛。当然了，如果这些孩子在十二岁之前就走了，那么他们的国家荣誉感也不会太强，因为毕竟太小。但是，我提议至少让这些孩子要体验一下身披国家队战袍的感觉。

刚才我说的是最基本的提议。还有一点我想强调，如果一个球员在十七岁之前就有经纪人的话，那他就不能在国家队踢球。因为他们不是挣钱的工具，父母有义务抚养孩子，而不是让孩子成为父母赚钱的工具。

因此，我们的任务不是要找到一个救世主，不是在某个家庭里面找救世主，也不是在整个足球界找救世主。寻找救世主不是我们要做的事情。这是我最后一个答案，也是最后一个提议。在结束本书之前，我想给各位提出一个问题，如果大家的共同目标是为了让阿根廷足球拥有一个更好的未来，为了不需要再等三十年才能再次捧起大力神杯，那么请所有人摸着良心问一问自己：等到梅西也退役了，阿根廷足球该怎么办呢？